Geisterjagd: Professionell, Sicher, Illegal
© by IzmirRecht Entertainment

FSC
www.fsc.org
MIX
Papier aus ver-
antwortungsvollen
Quellen
Paper from
responsible sources
FSC® C105338

Deutsche Erstausgabe: 2014
© by IzmirRecht Entertainment
ISBN: 9783735739360

Herstellung: BoD - Books on Demand, Norderstedt

Verlag: BoD - Books on Demand, Norderstedt
http://www.BoD.de

Vorwort:

>> Das Gebäude ist schon lange verlassen .. Da drin spukt es ganz sicher. <<

Diesen Satz, oder in ähnlicher Form hört man häufig, wenn eine Gruppe vor einem verlassenen Gebäude steht.
Einige Menschen sind mutig und trauen sich kurzerhand in die Gebäude hinein, andere wiederum schlucken ersteinmal und ringen mit sich ob sie es tun sollen oder nicht. Die anderen wiederum blocken von der ersten Sekunde aus ab und stellen klar: >> Da kriegt mich keiner rein. <<

Den meisten Menschen, die sich mit dieser Materie noch nicht auseinandergesetzt haben fehlt es an der richtigen Herangehensweise. Man denkt da ist ein verlassenes Gebäude, gehen wir einfach mal rein. Solche spontane Entscheidungen können aber sehr komplexe Konsequenzen nach sich ziehen. Sowohl Gesundheitliche, Psychische, Soziale oder/und rechtliche Probleme.

An all jene die an dieses Thema mit Vernunft herantreten wollen richtet sich dieses Buch, auch eignet sich dieses Buch für Menschen die bereits auf ihre Neugierde gehört haben und bei ihren „Touren" einige Fehler gemacht haben die sie in Zukunft nicht wieder begehen wollen.

In diesem Buch wird Ihnen erklärt wie Sie intelligent und professionell an das Thema „Geisterjagd" herantreten, wir werden Sie dabei nicht mit technisch relevanten Informationen füttern da Sie diese Informationen auch kostenlos im

Internet zu genüge und in aller Ausführlichkeit vorfinden.

In diesem Buch finden Sie grundlegende Informationen bzgl. der Geisterjagd, Geister und möglichen Vorfällen / Problemen, die auf Sie lauern könnten.

Außerdem erhalten Sie eine wertvolle Erklärung wie sie taktisch intelligent und Risiko befreiter an solche Gebäude herantreten, wie Sie in das Innere gelangen, Ihre Gesundheit schützen und wie sie sich am besten verbergen, um unentdeckt zu bleiben.

Diese Informationen resultieren aus langjähriger persönlicher Geisterjagd Erfahrung in Kombination mit späh Taktiken aus dem Militär Bereich.

Ein kurzer Hinweis:
Wir haben unsere eigene Theorien bzgl. Geister und Geisterarten. Resultierend aus unseren Erlebnissen / Meinungen und Untersuchungen.

Bevor wir nun damit beginnen dieses Thema durchzuarbeiten müssen wir deutliche Worte an Sie richten:
In der Bundesrepublik Deutschland ist es absolut verboten Gebäude, Gelände / Grundstücke etc. unerlaubt zu betreten und sich auf solchen unerlaubt aufzuhalten.

Die Informationen, die Sie aus diesem Buch erhalten sollen zur Weiterbildung dienen für fiktive Fälle, wir wollen Sie keinesfalls dazu anstiften eine Straftat zu begehen oder die Informationen aus diesen Buch zum Zwecke eines Gesetzesbruch anzuwenden.

Wir raten Ihnen davon ab Straftaten zu begehen.

So, nun aber viel Freude mit dem Buch.

Inhaltsverzeichnis:

Auf Geisterjagd:
Arkustik
Wie rücke ich sicher vor?
Was kann ich riskieren?
Worauf muss ich aufpassen?
Mögliche Phänomene und deren Erklärung
Unhöfliche Bewohner / Andere Besucher
Selbstverteidigung
Die Polizei ist in Sicht
Verlassen der Örtlichkeit

Nach der Geisterjagd:
Auswertung
Publizierung

Einführung:

<u>Wie finde ich „Spukorte"?</u>
Im Internetzeitalter ist es nicht schwierig vermeintliche Spukorte zu finden, das Thema Geisterjagd / Geisterorte ist sowohl international als auch national weitverbreitet. Es gibt sogar spezielle Foren im deutschsprachigen Bereich, die sich nur mit diesem Thema beschäftigen.

Öffnen Sie einen der auf dem Markt befindlichen Suchmaschinen und geben sie beispielsweise folgende Suchbegriffe ein:
- „Geister Forum"
- „Gespenster Forum"
- „Geisterjagd Deutschland"
- „Verlassene Gebäude Deutschland"
- „Spukorte Deutschland"
- „Urbexxen"
- „Spukort (Ihr Stadtname)"
- „Verlassene Gebäude (Ihr Stadtname)"

So sollten Sie interessante Spukorte / verlassene Gebäude problemlos finden, meistens erhalten Sie im Internet schon Fotos von den Objekten, so können Sie für sich selber besser ausmachen, ob diese Objekte für Sie interessant sind oder nicht.

In der „Szene" ist es eigentlich nicht gerne gesehen wenn Adressen von vermeintliche Spukorte herausgegeben werden da auch Personen auf der Suche nach solchen Objekten sind, um diese zu verunstalten sei es durch Graffitti´s oder Sachbeschädigungen.

Allerdings ist das Internet bekanntlich allwissend, wenn Sie Interesse an einem Gebäude haben, nutzen Sie erneut die Suchmaschinen.

Geben Sie den Gebäudenamen ein (beispielsweise „Verlassene Klinik Dortmund" und verbinden Sie dies mit den Zusatz „Adresse").

So sollten Sie eigentlich zügig die Adresse des besagten Ort herausfinden können, natürlich funktioniert das nicht bei jedem Gebäude bzw. nicht auf Anhieb. Wenn das Gebäude erst neu entdeckt wurde, dauert es einige Zeit bis sich das Thema herum spricht.

Alternativ können Sie sich in den Foren registrieren und die Personen die Bildmaterial posten und über die Gebäude berichten eine private Nachricht schicken.

Stellen Sie deutlich klar dass sie eine seriöse Person sind, die auch das gleiche Hobby teilt und absolut nicht darauf aus ist die schöne Gebäude zu zerstören.

So könnten Sie auch einige Adressen erhaschen ..

Dies klingt nun schwierig, aber seien Sie beruhigt: Sie finden eine menge Adressen.

Alternativ können Sie auch mit offenen Augen durch Ihren Ort fahren, fahren Sie an abgelegenen Stellen.

Hören Sie sich um ob ein Krankenhaus in Ihren Ort oder in naher Umgebung schließen musste.

Krankenhäuser gelten als stark frequentierte Orte für paranormales.

Durch das harte Gesundheitswesen in Deutschland mussten viele dieser Einrichtungen schließen.

Schöpfen Sie die Mundpropaganda aus, befragen Sie Freunde, Familie inbesondere ältere Personen, die meistens sehr gut über ihre Ortschaft bescheid wissen.

Wie kleide ich mich für die Geisterjagd:

Die richtige Kleidung ist wichtig für die Geisterjagd, zwar lassen sich Geister davon nicht beeinflussen allerdings ist diese sehr wichtig für Ihre Sicherheit und um mögliche Probleme im Vorfeld in Keim zu ersticken.

Die Farbe:

Ziehen Sie sich möglichst dunkel an, vorwiegend in Schwarz oder dunkel Blau.
Vermeiden Sie unbedingt grelle oder auffällige Kleidung oder solche, die im Dunkeln reflektieren.

Dies ist immens wichtig damit Sie von Passanten, Nachbarn, Security oder Polizisten nicht sofort gesehen werden.
Ein Einbrecher oder taktische Einheiten des Staates kleiden sich auch dunkel, dies hat einfach den Grund, um in Schutz der Dunkelheit ein wenig abtauchen zu können.
Auch tagsüber fallen Sie mit dunklen Klamotten weniger auf als mit einem orangen T-Shirt.

In den Gebäuden haben Sie dadurch den Vorteil dass Sie von außen weniger auffallend sind.

Halunken Tipp:

Sie sind ein Halunke und pflegen diesen Lifestyle? Dann haben wir nun für Sie einen speziellen Tipp der allerdings ein paar Euro Investition erfordert.
Besuchen Sie den örtlichen Shop für

Sicherheitsunternehmen oder suchen Sie über eine Suchmaschine im Internet nach einen Onlineshop für Sicherheitsbekleidung.

Dort finden Sie zahlreiche T-Shirts, Hemden, Jacken und weitere Bekleidungsgegenstände auf dem das Wort „Sicherheitsdienst" oder „Security" aufgedruckt / gestickt ist.
Diese gibt es in div. Ausführungen, so auch welche dessen Beschriftung im Dunkeln leuchtet.

Sie denken nun vielleicht dass wir uns widersprechen da wir Ihnen beim letzten Punkt von reflektierenden Kleidungsstücken abgeraten haben.
Lassen Sie uns dies erklären:

Dadurch, dass Sie Sicherheitsdienst Bekleidung tragen, könnten Sie Passanten und Nachbarn dahin gehend täuschen dass Sie Angehöriger eines Security Unternehmens sind, die mit der Sicherung des Gebäudes beauftragt wurde.
Bei erfolgreicher Täuschung haben Sie den Vorteil das Passanten und Nachbarn nicht die Polizei informieren, dass unberechtigte Personen auf dem Gelände sind.

Wie Sie vielleicht gehört haben dürfen Sie als Privatperson, keine Bekleidung tragen die in der Öffentlichkeit vortäuschen könnten, dass Sie angehöriger der Polizei, Armee oder sonstigen Staatsorganen sind.
Glücklicherweise dürfen Privatpersonen allerdings Security Bekleidung tragen, auch wenn sie in diesem Beruf nicht arbeiten. Von daher brauchen Sie keine Bedenken haben, dass Sie in Probleme geraten

könnten. Sie haben zwar den Nachteil, dass diese Bekleidung ein paar Euro kostet, allerdings liegen die Vorteile klar auf der Hand. Denn wenn dadurch die Polizei von Passanten und Nachbarn nicht informiert werden, haben Sie einen immensen Vorteil für Ihre Geisterjagd.

Aber Vorsicht:
Falls Sie angesprochen werden, oder die Polizei doch auf Sie aufmerksam wird, hüten Sie sich davor zu behaupten, dass Sie wirklich mit der Sicherung des Gebäudes beauftragt wurden.

Dies könnte Sie ggf. in rechtliche Schwierigkeiten bringen.

Falls ein Passant Sie anspricht, antworten sie direkt mit einem selbstsicheren Ton >> Ich darf Ihnen dbzgl. Keine Auskunft erteilen. <<
Diese Antwort schließt das eine nicht von dem anderen aus und bringt sie ggf. nicht in rechtliche Schwierigkeiten.

Worauf muss ich besonders achten?

Sie müssen sich darüber klar werden, dass solche Gebäude / Orte verlassen sind, das heißt, dass es dort dreckig, staubig und gefährlich sein kann.

Ziehen Sie sich deshalb am besten Kleidungsstücke an die nicht zu wertvoll sind die auch ruhig dreckig werden dürfen.
Verzichten Sie aber bitte auf solche, die schon sehr beschädigt sind.

Wir empfehlen Ihnen darüber hinaus lange Kleidungsstücke zu tragen, in alte Gebäude ist es üblich, dass Scheiben, Türen, Geländer, Wände etc. beschädigt sind. Die Lichtverhältnisse sind darüber hinaus auch nicht immer optimal, sodass es sein kann dass man sich hier und dort stößt oder sich gegen etwas anlehnt.
Lange Kleidungsstücke können so schrammen, blaue Flecken, Schnittverletzungen etc. verhindern oder mindern.

Sollten die Temperaturen zu hoch sein, können die Örtlichkeiten auch mit kurzarmigen Kleidungsstücken besichtigt werden, allerdings sollte man immer mit langen Hosen ausgestattet sein da Verletzungen in den Beinbereich kontraproduktiv sind da man bei solchen Unternehmungen immer fähig sein sollte sich problemlos selber fortbewegen zukönnen.
Mit einer Schnittwunde am Bein wäre dies ggf. nicht ohne Weiteres möglich.

Kleidungsstücke mit viel Schnickschnack wie Kordeln, Schnürren, Bommel und co. Sollten vermieden werden.
Diese könnten sich mit Gegenstände verkeilen in der Dunkelheit und eine Panikattacke bei den jeweiligen Personen auslösen.

Das Schuhwerk:

Begehen Sie die Szenerien nur mit festen Schuhwerk, verzichten Sie auf Flip Flops, Sandalen oder sonstige sehr leichte Schuhe.

Die Schuhsohle sollte allerdings auch nicht zu dick sein, stellen Sie fest, dass sie eine Art „Tastsinn" wahrnehmen wenn Sie die Schuhe tragen.

Der Grund ist ganz einfach: Einige sehr alte Gebäude sind einsturzgefährdet, sie sollten deshalb unbedingt fühlen können, wie die Bodenbeschaffenheit ist da sie die bei eingeschränkten Sichtverhältnissen diese nicht genügend optisch einschätzen können.

Panzertape:

Diesen Punkt werden einige vielleicht belächeln, entscheiden Sie bitte selbst ob sie diesen Ratschlag ernst nehmen oder mit einem Lächeln abtun.

Seien sie sich darüber in klaren, dass ein verlassenes Gebäude sehr interessant aber auch sehr gefährlich ist.

Seien Sie sich darüber in klaren, dass ein verlassenes Gebäude sehr viel Verletzungsrisiko birgt.

Und seien Sie sich darüber in klaren, dass sie ggf. sehr schnell aus dem Gebäude flüchten müssen aufgrund anderer Besucher, Angstattacken, Obdachlose oder sonstige Personen.

Fluchtpunkte könnten unteranderem Türen oder Fenster sein, Glasscheiben sind allerdings öfter kaputt bei solchen Objekten.

Bei einer hastigen Flucht oder bei einem Durchgang mit niedrigen Sichtverhältnissen kann es passieren dass man sich an zerbrochenen Glas schneidet.

Die Glasfragmente können unterumständen sehr scharf sein und ernste Verletzungen erzeugen, so auch an den Pulsadern.
Nutzen Sie Ihre Fantasie und malen Sie sich bitte aus welche Folgen es hätte, wenn sie sich eine Pulsader an einer Glasscheibe aufschneiden.
Eine schnelle ärztliche Versorgung ist nicht gegeben, man müsste sie erst einmal finden und zum eigenen Auto (falls vorhanden) ist es meistens auch einige Schritte weit.

Dieses Risiko können Sie umgehen:
Kaufen Sie sich Panzertape und kleben Sie Ihre Pulsadern damit ab, achten Sie allerdings unbedingt darauf, dass diese nicht zu straff sitzt damit diese nicht Ihre Blutzufuhr abschneidet.
Panzertape ist sehr widerstandsfähig, solang Sie nicht die betreffende Stelle kraftvoll gegen ein Nagel oder eine spitze Glasscheibe rammen haben Sie einen guten Schutz.

Zugegebenerweise sieht dies optisch ein bisschen bescheiden aus, allerdings sollte die eigene Gesundheit im Vordergrund stehen.

Wie bereite ich mich für die Geisterjagd vor?

Holen Sie sich umfangreiche Informationen über das Gebäude ein, fahren Sie nicht sofort drauf los um das Gebäude real zu besichtigen.
Lesen Sie im Internet und in Foren, welche Vergangenheit das Gebäude hat, was da drin vorgehen soll.
Informieren Sie sich was die anderen Leute in diesem Gebäude erlebt haben und begutachten Sie das Objekt anhand von Bildern.

Später, wenn Sie schon Erfahrungen gesammelt haben, können Sie auf Erlebnisberichte von anderen Besuchern verzichten.
Als Geisterjäger ist es immer optimaler, wenn man unvoreingenommen solche Orte besucht um seine eigenen Erfahrungen machen.
Wenn man im Internet beispielsweise liest „In Zimmer 410 verspürt man Atemnot, dort hat sich eine Krankenschwester erhängt" erinnert man sich daran, wenn man im besagten Zimmer steht und manche bilden sich dann ein, auch eine Atemnot zu verspüren, obwohl dies nur von der Psyche projiziert wird.

Wenn Sie alle Informationen bzgl. des Gebäude haben, fangen Sie damit an logistisch zu planen: Suchen Sie sich eine Wegbeschreibung heraus, wie sie am besten zu dem Gebäude kommen, es empfiehlt sich im Vorfeld das Gelände mit einem Karten Programm einer großen Suchmaschine zu begutachten.
Wählen Sie aus, wo sie parken werden, tun sie es nicht vor dem besagten Gebäude oder in

unmittelbarer nähe denn Nachbarn und Polizisten erkennen sonst ziemlich schnell, dass jemand auf dem Gelände herumschleicht.

Parken Sie deshalb immer ein Stück weiter weg wo Sie nicht auffallen.

Bei der Anfahrt relaxen sie einfach, sprechen Sie nicht zu sehr über die Vorfälle anderer Besucher. Genießen Sie die Fahrt, sprechen Sie über Alltägliches denn vor Ort wird die Aufregung groß sein, diese brauch man im Vorfeld nicht schon pushen, indem man sich klar macht was andere Leute dort erlebt haben.

Zusätzlich ist es immer wichtig sich nicht zuviel zuzumuten. Achten Sie darauf, dass sie nicht zu ängstlich sind. Wenn Ihnen Übel ist oder schwindelig, sie merken dass ihre Beine wackelig sind: Abwarten.
Gehen Sie nicht in das Gebäude, wenn Ihre Beschwerden zu groß sind denn eine Rettungsaktion wäre sehr kompliziert.

Zwingen Sie keine Personen mitzukommen, die sehr ängstlich sind. Wenn Sie merken Ihre Begleitung hat zu viel Angst brechen Sie die Aktion ab und suchen sie sich zu einem anderen Tag eine andere Begleitung aus.

Machen Sie sich klar dass in so einem verlassenen Gebäude Sachen passieren könnten, die Ihnen Angst einjagen. Wie z.b eine Tür die plötzlich zufliegt, ein Geräusch, dass sie erschreckt oder eine vermeintliche Berührung.

In solchen Situationen müssen Sie einen kühlen Kopf bewahren, gehen Sie ernsthaft an diese Situation heran.

Unterlassen Sie es aufjedenfall über die Situation zu scherzen und machen Sie ihren Begleitpersonen keine Angst.
Die Besichtigung eines solchen Gebäude fordert der Psyche und dem Körper viel ab, man muss diese nicht in Gefahr bringen für dumme Kinderstreiche.

Essen und Trinken Sie ausreichend, sodass sie gestärkt an diese Situationen herantreten. Vermeiden Sie Alkohol oder Drogenkonsum im Vorfeld.
Ihre Sinne müssen geschärft sein, dämpfen Sie diese nicht weil sie so denken weniger Angst zu haben. Eine geschwächte Angst ist kein wirklicher Vorteil gegenüber dem Risiko aufgrund Ihres Alkohol / Drogenkonsum zu verunglücken.

Nehmen Sie nicht übermäßig viel Equipment mit, stellen Sie sicher, dass Sie im Notfall schnell und wendig reagieren können.
Planen Sie des Weiteren ein, das Equipment eines Begleiters tragen zu müssen, falls diese Person sich verletzt.

Vereinbaren Sie ein Codewort welches dafür steht, dass man es nicht aushält und unbedingt raus möchte. Wenn dieses Codewort fällt, sollten Sie sich nicht von der Neugierde des Gebäudes packen lassen sondern reagieren.
Machen Sie im Vorfeld klar, dass man zusammenbleibt und sich nicht eigenmächtig von der Gruppe abseilt.

Was muss ich unbedingt mitnehmen?

Folgendes sollten Sie immer dabei haben auf solchen Unternehmungen:

Handy

Ein Handy ist immens wichtig, falls sich jemand ernsthaft verletzt muss gewährleistet sein, dass man den Notruf erreichen kann.
Es darf NICHT der Plan sein erst außerhalb des Gebäudes die möglichkeit zu haben diesen zu erreichen.

Stellen Sie sicher dass mind. Eine weitere Begleitperson über ein Handy verfügt, achten Sie darauf dass die Akku´s aufgeladen sind.

Pflaster / Verbandskasten

Wenn möglich nehmen Sie einen Verbandskasten mit, um bei Verletzungen eine Erstversorgung durchführen zu können.
Im ersten Moment klingt dies ein bisschen übertrieben, aber bei Schnittverletzungen die häufig vorkommen können bei Unachtsamkeit bzw. Niedrigen Sichtverhältnissen ist es ratsam die betreffende Wunde schnell versorgen zu können bzw. abzudecken, um weitere Schäden / Verschmutzung entgegenzuwirken.

Falls die keinen Platz für einen Verbandskasten haben sollten sie zumindest Pflaster mitnehmen.

Personalausweis

Falls Sie von der Polizei erwischt werden, ist es immer ratsam den Personalausweis dabei zuhaben, damit die Polizei Ihre Personalien überprüfen kann. Je nach Polizist kann dies damit ausgehen, dass man entweder schlicht und einfach ohne Konsequenzen vom Gelände verwiesen wird oder eine Anzeige wegen Hausfriedensbruch erhält.

Hat man den Personalausweis dabei erspart man der Polizei arbeit, demzufolge sind einige Polizisten dann gewillter Gnade vor Recht ergehen zulassen. Oder sagen wir es so: Es steigert die Chancen dazu.

Zudem tut man sich selber auch einen Gefallen da man dann nicht mit zur Wache muss zwecks Personalienfeststellung.

Geisterarten:

<u>Geist (Standard):</u>

Ein Standart Geist ist eine Erscheinung, die am bekanntesten ist. Man muss ihn allerdings in 2 vers. Bereiche klassifizieren.
Einer davon sind *ortsgebundene* Geister, die an einem bestimmten Ort (meistens ein besonderes Bezugspunkt der verstorbenen Person oder der Ort an dem Sie verstorben sind) gebunden sind und diesen nicht verlassen können.
Über die Gründe kann man nur spekulieren, es ist denkbar, dass diese Geister an ihren Ort gebunden sind weil sie nicht begriffen haben dass sie tot sind und ihr alltägliches Leben nachgehen, es nicht auf die andere Seite schaffen oder weil sie schlicht weg ihren geliebten Ort nicht verlassen wollen.

Oft kommt es vor dass ortsgebundene Geister negativ auf Personen reagieren, die anschließend dort ihr Leben beginnen wie z.b neue Bewohner eines Hauses.
Aufgrund dessen, dass sich der Geist provoziert fühlt oder die neuen Bewohner loswerden will kann es zu Spukphänomenen kommen.

Die andere Form von Standard Geister sind ortsungebundene Geister, diese können an vers. Orte erscheinen und den heimgesuchten Menschen sogar verfolgen. Während man ortsgebundene Geister mit einem Umzug oder dem Meiden eines Gebäude loswerden kann, können ortsungebundene Geister einem auch in ein anderes Haus folgen.

Standard Geister können in vers. Varianten erscheinen.

Einige Augenzeugen berichten dass die Geister, die sie sahen völlig normal wie in Lebzeiten aussahen dann aber durch Wände hindurch gingen oder sich plötzlich auflösten.
Es ließen sich optisch keine Unterschiede feststellen.

Andere Augenzeugen berichten, dass die Geister ein wenig Transparenz schimmerten oder leuchteten während andere wiederum behaupten dass Geister nur in form von kleinen leuchtenden Kugeln sichtbar sind.

Über die Fähigkeiten sich zu verständigen herrschen geteilte Meinungen, auch hier gibt es vers. Ansichten.
Einige Menschen behaupten Geister können nicht reden und verständigen sich durch Zeichen oder Gesten. Andere behaupten Geister können wie zu Lebzeiten normal reden.

Erscheinen tun die Geister zu unterschiedlichen Zeiten, es kann täglich vorkommen oder zu bestimmten Zeitintervallen oder gar zu bestimmten Tagen im Jahr.
Zum Erscheinen benötigen Geister nach allgemeiner Meinung Energie, diese entziehen sie durch Elektronische Geräte oder Umweltbegebenheiten.
Für Geister steht die Energie äqualänt zur Kraft für den Menschen.

Es kann also durchaus sein, dass ein Spukphänomen bemerkt wird und am nächsten Tag jenes nicht erneut auftritt. Dies kann man dadurch erklären, dass der Geist möglicherweise nicht genug Energie zur Verfügung hat um sich bemerkbar zu machen oder er es schlichtweg nicht möchte.

Moment mal .. Nicht möchte?

Ja in der Tat, dies kann passieren. Einige Menschen, sind der Meinung dass es intelligente Geister gibt die sich an Ihr Leben erinnern und Ihre Persönlichkeit und Ihr Wissen weiterhin besitzen. Diesen Geistern sagt man nach, dass sie mit der Umwelt interagieren können und dies nach freien ermessen.
Sie haben also sozusagen wie im Leben zuvor einen freien Willen.
Demzufolge kann es passieren, dass ein Geist sehr wählerisch ist für wen er Energie verschwendet und aus welchen Gründen.

Es soll aber auch Geister geben, die keinen freien Willen haben und auch nicht mit der Umwelt interagieren, sie spulen quasi ein Tätigkeitsmuster ab und tun dinge unabhängig davon, wer in der nähe ist und wiederholen diese dinge immer und immer wieder ohne irgendetwas selbst wahrzunehmen.

Allgemein werden die Standart Geister als harmlos eingestuft, nach unserer Meinung besteht für gefestigte Leute keine größere Gefahren.
Verletzungen resultieren meistens eher daraus, dass man es mit der Angst zutun bekommt und unachtsam flüchtet, es ist deswegen immer immens wichtig sich selbst zu beruhigen und sich darauf vorzubereiten dass man mit Phänomenen

konfrontiert werden könnte.

Wenn man im Vorfeld alles rational angeht, bestehen gute Chancen bei auftreten eines Phänomens den Fluchtinstinkt zu überbrücken.

Die meisten Geistererscheinungen werden abends oder nachts festgestellt wenn es bereits dunkel ist. Ob diese Zeiten allerdings wirklich Relevanz für Geister haben ist nicht geklärt, man kann dies auch logisch damit erklären dass wir Menschen nachts seltsame Vorfälle besser wahrnehmen.

Tagsüber herrscht allgemein ein buntes Treiben und man fühlt sich nicht so alleine. Man geht div. Beschäftigungen nach und ist durch diese abgelenkt. Abends / Nachts wiederum ist alles etwas ruhiger, wir Menschen haben zu diesen Zeiten auch eher weniger zutun. Dadurch fallen uns einige Sachen besonders auf da wir nicht abgelenkt sind.

Die Dunkelheit bringt immer etwas Unbehagen mit sich, unser Sicherheitsbedürfnis ist zu diesen Zeiten immer höher als tagsüber und wir sind feinfühliger gegenüber Dinge die uns Angst machen.

Es gibt allerdings auch Theorien die besagen dass Geister nur um Mitternacht oder um 3 Uhr nachts die Möglichkeit haben für eine bestimmte Zeit in unsere „Welt" zu erscheinen.

Der Theorie zur Folge leben die Geister in einer anderen Welt in der sie mit uns nicht interagieren können.

Nach weit verbreiteten Volksglauben ist die Zeit zwischen Mitternacht und 1 Uhr morgens die Geisterstunde.

Eine andere Theorie besagt dass der Teufel die Geister um 3 Uhr spuken lässt um so Unheil auf Erden zu verbreiten. Die Uhrzeit spielt dabei eine wichtige Rolle und wurde vom Teufel eher provokant gewählt um über die 3 Faltigkeit zu Spotten.

Standard Geister erscheinen, um mit Angehörige zu kommunizieren, sie zu warnen (oft sagt man, dass sie vor bevorstehende Todesfälle warnen), sich zu verabschieden oder um Menschen Angst einzujagen bzw. Ihr Leben fortzuführen, weil sie nicht wissen dass sie tot sind.

Poltergeist:

Der Poltergeist ist eine Geisterform, die optisch nicht sichtbar ist, man sieht bei diesem Spukphänomen keine Person, keine Kreatur oder Lichtkugel wie beim Standart Geist üblich, sondern nur die Aktivitäten dieses Geist.

Poltergeister nisten sich oft in Orte ein um dort Chaos und Angst zu verbreiten, sie gelten eher als Plage. Von Ihnen geht im Gegensatz zum Standart Geist große Gefahr aus für Leib und Seele.
Man sollte diese Geister also sehr ernst nehmen und mit gewaltigen Respekt entgegnen.

Die Aktivitäten von Poltergeister sind vielseitig, sie sind z.b in der Lage Gegenstände aufzunehmen und diese durch den Raum schweben zulassen oder diese herumzuwerfen.
Es birgt deshalb die Gefahr, dass man sich durch diese Gegenstände verletzten könnte, je nach

Gegenstand könnt dies mehr oder weniger gefährlich enden.

Poltergeister mögen es Menschen zu belästigen, sie sind in der Lage Gegenstände der Bewohner verschwinden zulassen und diese an anderer Stelle wieder auftauchen zu lassen.
Haushaltsgeräte werden gerne von ihnen ein und ausgeschaltet, so kann es durchaus passieren, dass der Fernseher sich plötzlich aktiviert oder der Teekessel plötzlich aufheult weil dieser erhitzt wurde.

Arkustische Geräusche sind durchaus üblich, Poltergeister können zwar nicht sprechen aber durch klopf oder Kratz Geräusche auf sich aufmerksam machen.
Wenn Ihr Haus beispielsweise von einem Poltergeist heimgesucht wird, können Sie mit ihm kommunizieren, indem Sie gezielt Fragen in den Raum stellen.
Erklären Sie dass einmal Klopfen beispielsweise für Ja steht und zweimal Klopfen für Nein.
Stellen Sie nur Fragen, die mit Ja oder Nein beantwortbar sind.
So lassen sich interessante Fakten herausfinden. Sie sollten allerdings darauf Achten den Poltergeist nicht zu provozieren.

Hören Sie klopf oder Kratzgeräusche können Sie davon ausgehen, dass der Poltergeist eine Kommunikation erwünscht.

Poltergeister sind nicht ganztägig aktiv und auch nicht jeden Tag, sie erscheinen in unterschiedliche

Zeitintervallen. Es kann regelmäßig stattfinden oder sehr sporadisch.

Als Anwesenheitsindikator kann neben klopf und Kratzgeräusche auch eine unerklärliche Kältequelle gesehen werden.

Man sagt Geistern nach, dass sie bei erscheinen eine Kältequelle erzeugen.

Diese gilt allgemein als sehr speziell, man spürt keinen Luftzug oder dergleichen. Diese Kältequelle bewegt sich, sodass es möglich ist ihr zu folgen.

Wie auch beim Standard Geist ist es möglich, dass Poltergeister ortsgebunden sind oder personenbezogen.

Manche Menschen versuchen Poltergeister mit einem simplen Umzug loszuwerden, es gab allerdings Fälle wo die Poltergeist Aktivitäten auch am neuen Wohnort Einzug hielten.

Sie sind eine nicht zu unterschätzende Gefahr.

Animalischer Geist:

Ein animalischer Geist ist eine Geistererscheinung in Form eines tierähnlichen Gestalt.

Sie kann beispielsweise aussehen wie ein Hund oder ein Wolf.

Diese Geister unterscheiden sich nicht viel von dem Standard Geist, sie sind zu diesem aqualänt.

Animalische Geister können ebenfalls ortsgebunden oder ortsungebunden sein, es gibt berichte über dunkele bösartige Erscheinungen in form eines schwarzen Hund mit rot leuchtenden Augen der

Leute im Wald oder in ländlichen Gegenden auflauert und Ihnen Angst einjagt mit geknurre, gebelle und dem hinterherjagen.

Die Absichten die diese Erscheinungen haben können vielfältig sein, sie können entweder dazu dienen, um das Opfer aus dem Gelände / Haus / Revier zu vertreiben oder um diese gar zu helfen.

So soll es Fälle gegeben haben in denen Menschen durch solche Erscheinungen gejagt wurden um diese aus dem betreffenden Ort zu lotsen da Ihnen sonst etwas Schlimmes wiederfahren wäre.

Es kursieren andere Gerüchte, dass animalische Geister quasi als Ortswächter eingesetzt werden, so z.b auf einem ehemaligen Schloss.
Sobald man sich auf dem Gelände befindet, soll man ein bedrohliches Gefühl bemerken sowie Geistererscheinungen sichten die mit aller Macht versuchen einem vom Ort zu vertreiben.

Dieses Spukphänomen hört prompt beim Verlassen der Örtlichkeit auf, manche Opfer einer solchen Erscheinung berichteten dass diese Wächter an der Grenze des Gelände die Verfolgung beenden und dieses nicht verlassen.

Ob sie es nicht können oder wollen, lässt Raum für Spekulation offen.

Von animalischen Geistern geht nur eine geringe Gefahr aus. Sie setzen bei Ihren Aktivitäten auf arkustische und psychologisch taktisch Mittel um die Eindringlinge zu vertreiben oder Angst

einzujagen.
Eine gesundheitliche Gefahr geht eher bei
überstürzter Flucht der jeweiligen Person aus.

Dämon:

Der Dämon wird als gefährlichste Geisterscheinung
angesehen, die es gibt, von Ihnen geht eine sehr
große und ernst zu nehmende Gefahr aus.
Dämonen können Ihre Opfer so dermaßen
heimsuchen, dass sogar Lebensgefahr besteht.

Man sagt, dass Dämonen die Krieger des Teufels
sind, die Unheil auf der Welt bringen soll, um sie
schlecht zu machen.
Und um die gottesfürchtigen Leute zu belehren, dass
Gott ihnen auch vor Dämonen nicht helfen kann.

Dämonen heften sich an Ihre Opfer und verlassen
diese nur sehr schwer oder auch gar nicht, die
Gründe, wieso sich Dämonen an Ihre Opfer heften
sind eher unbekannt.
Als mögliche Gründe wird aufgeführt, dass man
diese selbst gerufen hat indem man Sprüche oder
Wörter oft hintereinander aufgesagt hat.
Andere Stimmen besagen, dass Dämonen sich an
einem heften beim Versuch mit Geister in Kontakt
zu treten.
Möglicherweise ist es aber auch nur purer Zufall.
Oftmals sagt man dass Dämonen sich sehr
charismatische, freundliche und außergewöhnliche
Menschen aussuchen für ihr „Spiel".
Das was die Opfer erleben ist, allerdings alles andere
als schön, Dämonen sind sehr aggressiv und bringen
viel Leid für das Opfer.

Schmerzen & Verletzungen

Dämonen können bei Ihre Opfer Schmerzen und Verletzungen auslösen, sie sind in der Lage Ihre Opfer im Schlaf zu würgen, wodurch Würgemahle resultieren aber auch dazu simple Kratzer oder blaue Flecken zu generieren.

Sie fallen öfter ihre Opfer an was diese dann mit Schmerzen wahrnehmen. Sie klagen über eine enge Gefühl in der Brust, weil sie einen Druck verspüren oder über Schulterschmerzen weil es sich anfühlt als säße etwas auf sie.

Während das Opfer schläft, kann es auch passieren, dass der Dämon die Hände des Opfers nutzt um jenen selbst damit zu schlagen.
Die Verletzungen die von Dämonen ausgeübt werden, sind in der Regel nicht lebensgefährlich, sie dienen eher dazu um das Opfer durch optische Stilmittel einzuschüchtern.

Psychische Druckmittel

Dämonen arbeiten viel mit psychische Druckmitteln, so nutzen Sie einige Wege um Ihre Opfer in Angst und schrecken zu versetzen.
Liegt man nachts im Bett mit der Absicht einzuschlafen hört das Opfer desöfteren ein Atemgeräusch dass nicht von ihm stammt.
Geräusche wie Schritte, Stimmen, Knistern von Gegenstände oder Klopfen sind oft zu vernehmen.
Ebenfalls haben die Opfer oft das Gefühl nicht alleine zu sein, dass etwas sie verfolgt oder das etwas im Nebenzimmer ist was sein Unwesen treibt.

Auch optische Erscheinungen können resultieren wie z.b eine schwarze Gestalt, die neben dem Bett steht und leicht zu erahnen ist.
Diese Gestalten tun einen allerdings nicht, sie lösen in ihre Opfer nur ein beklemmendes und ängstliches Gefühl aus.

Optische Täuschungen sind ein weitverbreitetes Stilmittel unter Dämonen, sie haben die Macht das Aussehen der Opfer in Spiegel beispielsweise zu verändern sodass die Opfer beim Anblick Ihres Spiegelbild ein total entstelltes Abbild ihres Aussehens erkennen, welches allerdings absolut nicht der Realität entspricht.

Körperlicher / Seelischer Verfall

Dämonen verfügen über die Macht Krankheiten bei ihren Opfern auszulösen, sowohl körperliche als auch seelische Krankheiten.

So können sie z.b Ausschläge, Schlafmangel, Atembeschwerden, Herzbeschwerden und viele weitere Symptome auslösen.
Sie zeichnen Ihre Opfer und entziehen sie dadurch aus ihrem gewohnten Alltag und brechen ihr Vertrauen auf das Gute.

Albträume in der Nacht in denen die Opfer mit Ihren Ängsten konfrontiert werden häufen sich und fühlen sich sehr lebhaft an.
Ein Psychischer Zerfall findet steigend statt sodass daraus vers. Psychische Erkrankungen entstehen können wie z.b die Nachtangst.

Aber auch die Angst vor dem Schlafen kann daraus resultieren, dies ist für Dämonen ein sehr wichtiger Faktor denn wenn man die Opfer dem Schlaf entzieht bleibt mehr Zeit um diese zu schädigen. Es häufen sich immer mehr Probleme ,wodurch letztendlich auch Essstörungen entstehen können, soziale Phobien, Halluzinationen hervorgerufen durch die Müdigkeit oder Psychosen durch die Albträume.

Das Opfer findet keine Ruhe und wird regelrecht seelisch gefoltert sodass der Lebenswille und das Vertrauen auf das gute bricht.
Einige Menschen halten diesen Druck nicht aus sodass sie im endeffekt dann den Freitod wählen um ihren Schicksal zu entrinnen.

Auf der Welt kursieren allerdings auch einige Gerüchte, dass Menschen von Dämonen verschleppt werden, Ihre leeren Wohnungen werden von Bekannten / Angehörigen aufgefunden. Sämtliche wichtige Dokumente wie Ausweise, Geld und co. Bleiben zurück.
Vom Opfer fehlt jede Spur, die Wohnungen wirken allerdings immer so als hätte der Bewohner diese erst vor kurzen verlassen.
Nach diesen Menschen wird lange gefahndet, sie bleiben allerdings verschollen.

Dämonen gelten daher als sehr machtvoll und gefährlich.

Nostalgie Erscheinung:

Eine Nostalgie Erscheinung ist eine sehr harmlose Form von Spuk.

Diese nostalgische Erscheinungen treten meistens nur einmal im Jahr auf, dabei wiederholt sich eine tragische Geschichte, die sich an dem Ort praktisch eingebrannt hat.

So soll man am Todestag von Selbstmördern in einigen Fällen den Ablauf haar genau hören und sehen, wie er sich zugetragen hat.

Beispielsweise wie ein Mann wimmernd im Wohnzimmer sitzt, sich betrinkt während er auf ein Familienfoto starrt, das aus glücklicheren Tagen stammt.

Wie er dann mit einem Strick in der Hand nach oben auf dem Dachboden geht und sich erhängt und kurze Zeit später von seiner Familie aufgefunden wird.

Oder wie ein kleines Mädchen sich im Wald verirrt hat, weil sie dort spielen wollte und nicht mehr herausgefunden hat.

Dessen Geist immer noch durch den Wald umherirrt in der Hoffnung den Weg hinaus zu finden.

Diese Erscheinungen sind absolut harmlos, die Geister, die dort interagieren nehmen die Umwelt nicht wahr. Sie können nicht mit den Menschen kommunizieren. Es ist wie ein Film der sich abspielt der genauso schnell kommt, wie er geht.

Geisterjäger Untersuchungen:

Besichtigung:

Vorweg: In diesem Punkt wird noch nicht darauf eingegangen, wie Sie sich im Gebäude verhalten. Dies folgt in einem anderen Kapitel des Buches.

Die Besichtigung des Gelände / des Gebäude ist sehr wichtig. Bevor Sie mit den Untersuchungen beginnen, sollten Sie sich eine Grundlage bilden. Gehen Sie erst einmal durch das Gebäude und prägen Sie sich die Details ein, verschaffen Sie sich einen Überblick über die Begebenheiten und den allgemeinen Zustand des Gebäude.

Empfehlenswert ist es immer mindestens zu zweit, maximal zu dritt in ein unbekanntes Gebäude zum Zwecke der Besichtigung zugehen. Niemals alleine, da im Notfall keiner helfen kann.
Wählen Sie dabei Personen aus die sportlich und nicht allzu schwer sind.

Beachten Sie die Nachbarschaft, die Bausubstanz des Gebäude, welche Gefahrenquellen es birgt und halten Sie ausschau nach Hinweisen, ob sich jemand in dem Gebäude befindet oder vor kurzen jemand dort war.
Dies können Reifenspuren auf dem Gelände sein, Müll, der dort nicht hingehört und frisch aussieht oder Zigarettenstummel auf dem Boden.

Wählen Sie bei der Besichtigung im Vorfeld aus, wo sie Geräte hinstellen möchten (falls Sie welche dabei haben.). Prüfen Sie dabei, ob die Geräte dort

angebracht werden können, ohne Schaden anzurichten und ob man diese gut tarnen kann sodass sie nicht sofort gesehen werden falls plötzlich andere Besucher die Örtlichkeit betreten.
Stellen Sie sicher dass sie die Geräte dennoch schnell wieder erlangen können, falls Sie die Örtlichkeit schnell verlassen müssen.

Stellen Sie fest, dass niemand sich im Gebäude befindet, wenn Sie sehen dass einige Räume Gefahren bergen dann merken Sie sich diese Gefahrenquellen oder noch besser: Machen Sie sich Notizen.
Wenn Sie die Besichtigung abgeschlossen haben diskutieren Sie mit sämtlichen Teilnehmern der Untersuchung die Gefahrenquellen, sprechen Sie über den Bausubstanz Zustand und über alle Punkte, die Ihnen wichtig erscheinen.

Gehen Sie taktisch in das Innere des Gebäude wenn Sie die Untersuchung beginnen, die Personen, die es im Vorfeld besichtigt haben sind strategisch wichtige Personen. Einer von ihnen sollte sich immer vorne befinden da er die Örtlichkeit bereits kennt und die anderen Teilnehmer so gut führen kann.
Eine andere Person, die bei der Besichtigung dabei war sollte sich immer ganz hinten befinden. Falls die Gruppe flüchten muss, durch welche Gründe auch immer liegt es in seinem Aufgabengebiet die Gruppe schnell und sicher nach draußen zu führen.

Eine gute Besichtigung erfordert Zeit, hilft aber ein professionelles und sichereres Ergebnis zu erzielen.

Bild / Videomaterial:

Bild und Videoaufnahmen sind bei der Geisterjagd wichtige Mittel um paranormale Ereignisse festzuhalten.

Man muss allerdings wissen, dass man viele paranormale Ereignisse real gar nicht zu Gesicht bekommt, meistens entdeckt man diese erst wenn man schon lange Zuhause sitzt und die ganzen Aufnahmen auswertet.
Dann entdeckt man plötzlich Unerklärliches auf dem Bild / Video Material wie z.b komisch leuchtende Kugeln, eine Art Rauchschweif um Personen, merkwürdige Schatten oder Personen die auf den Aufnahmen zu sehen sind aber gar nicht anwesend waren.

Vorbeihuschende Erscheinungen sind auch nicht selten.

Sie brauchen um dieses Hobby zu betreiben keine teuere und professionelle Kamera. Rein theoretisch können Sie dem Hobby auch mit ihrem Smartphone betreiben, indem sie mit der Handykamera Bilder und Videos aufnehmen, die heutzutage ja auch eine gute Qualität besitzen.
Egal ob mit Handy oder einer Kamera:
Beachten Sie bitte, dass die Kamera wackelt, wenn Sie sich bewegen, versuchen sie deshalb unbedingt beim Laufen die Kamera zu stabilisieren, indem Sie die Muskeln ihres Armes anspannen, so bleibt die Kamera stabil, selbst wenn sie laufen.
Natürlich ruckelt es dennoch ein wenig, dies ist aber vertretbar. Immerhin dreht man nicht den nächsten

Hollywood Blockbuster, sondern ein Geisterjagd Video.

Wenn Sie sich bewegen denken Sie immer daran, dass Sie einen Film aufnehmen. Wenn Sie sich drehen, tun sie dies langsam, damit die Kamera dies auch verfolgen kann, ohne dass es zu hektisch wirkt. Auch wenn Sie in so einem Gebäude wohlmöglich Angst haben oder aufgeladen mit Adrenalin sind versuchen Sie ruhe zu bewahren und immer daran zu denken, dass die Aufnahmen wichtig sind. Filmen Sie die Räume nicht nur paar Sekunds, sondern nehmen Sie sich Zeit sie ausführlich zu filmen, fangen Sie die Atmosphäre gut ein.
Wenn in den Räumen Gegenstände, Papiere oder Ähnliches liegen, tun Sie sich den Gefallen: Filmen sie es ausführlich, treten Sie an diese Gegenstände heran und halten Sie alles genau fest.
Bei der Auswertung kann Ihnen diese Sorgfalt viel nützen.

Sollten Sie mehrere Kameras zur Verfügung haben, empfiehlt es sich diese in einige Räume zu lassen, um dort weiterzufilmen, wenn Sie sich gar nicht in diesen befinden.
Möglicherweise ereignet sich genau dort etwas Paranormales was sie allerdings sonst nicht auf Film kriegen würden.
Wählen Sie dabei einen stabilen Ort aus den man auch nicht zu leicht findet, wenn man nicht weiß, dass man dort eine Kamera positioniert hat.
Tun Sie dies auch nur, wenn Sie einschätzen können, dass Sie die Kamera im Notfall auch schnell wieder mitnehmen können.
Lassen Sie auch nicht zu hochwertige Ausrüstung

zurück, es könnte immer passieren, dass Sie diese zurücklassen müssen und sie letztendlich gestohlen wird.

Machen Sie bitte im Vorfeld Probeaufnahmen zu Hause mit den Kameras, damit Sie wissen, wie sie auf die unterschiedlichen Lichtverhältnisse reagiert und was Sie tun müssen, um brauchbare Aufnahmen in der Dunkelheit zu erzielen.

Hat Ihre Kamera eine integrierte Beleuchtung aktivieren sie diese und prüfen Sie wie es wirkt wenn man in das Fenster hinein sieht.
So haben Sie einen Eindruck davon wie auffällig sie für Nachbarn oder Passanten sind, wenn sie sich in einem vermeintlichen Geisterhaus befinden.

Sollte Ihre Kamera keine integrierte Beleuchtung haben oder diese zu grell sein so suchen Sie nach alternativen.
Suchen Sie sich Taschenlampen, die in ihrer Stärke verstellbar sind, halten Sie die Taschenlampe unter Ihrer Kamera und lassen Sie einer Ihrer Begleitungen den Raum ausleuchten.
Vermeiden Sie dabei aber unbedingt direkt auf Fenster oder in die Nähe solcher zu leuchten denn dies ist sehr auffällig.
Empfehlenswert sind aufjedenfall Kameras, die einen integrierten Nachtmodus haben, dies hilft Ihnen ungemein, sodass sie nur auf kleine Taschenlampen angewiesen sind, um Ihnen den Weg zu leuchten.

Wenn Sie sich in interessante Räume befinden und sie sich nicht alleine fühlen, ggf. sogar eine

Kältequelle wahrnehmen können wir Ihnen noch folgenden Tipp geben:
Schalten Sie alle Taschenlampen aus, nehmen Sie eine Kamera, aktivieren Sie den Blitz und schießen Sie einige Fotos in den dunklen Raum.
Stellen Sie sicher, dass von Ihren Begleitern keine Person im Bild steht. Solche Aufnahmen haben bei unseren Untersuchungen spannende Resultate erbracht.
Natürlich ist dies auffällig, da der Blitz von außen auch wahrgenommen werden kann, allerdings leuchtet der Blitz nur sehr kurz auf.
Und wenn keine Taschenlampen zu sehen sind, werden Nachbarn / Passanten es ggf. nicht realisieren und sich nicht weiter darum kümmern.
Sie sollten allerdings nach dieses Experiment ein paar Minuten verstreichen lassen und nicht sofort danach wieder die Taschenlampen aktivieren. Wenn Passanten etwas Ungewöhnliches sehen, neigen sie oft dazu erst einmal stehen zu bleiben und ihren Blick ein paar Sekunden zu fixieren, ehe sie weitergehen.

Sie können diese Wartezeit mit der Untersuchungsmethode „Dark Room" die wir Ihnen gleich nahelegen verbinden.
So warten Sie nicht völlig nutzlos in der Dunkelheit.

Ein gut gemeinter Tipp um das Thema Bilder / Videos abzuschließen:
Falls Sie auf Security oder Polizei treffen, versuchen Sie die Kameras zu verdecken und erwähnen sie bloß nicht dass Sie Aufnahmen in dem besagten Gebäude gemacht haben.
Die Security / Polizei könnte sonst ggf. darauf

bestehen, dass Sie ihr Material löschen.
Von daher:
Verhalten Sie sich nicht wie ein Paparazzi wenn Sie
kontrolliert werden, geben Sie sich als gelangweilte
Person, die einfach mal ein wenig Nervenkitzel
wollte.

Tonaufnahmen:

Neben Bildaufnahmen sind die Tonaufnahmen die
wichtigste Komponente der Geisterjagd. Auch hier
ist wieder zu sagen, dass man real nicht alle
paranormalen Ereignisse hört.
Oft kommt es vor, dass auf den Tonbandaufnahmen
merkwürdige Sachen zu hören sind.

Wir waren beispielsweise bei einem Einsatz in einer
verlassenen Klinik, dort vor Ort haben wir keine
paranormalen Ereignisse erlebt.
Zwar hatte eine Begleiterin es mit der Angst zutun
bekommen und wir hatten allgemein ein Gefühl als
wären wir nicht alleine dort aber weiter gab es vor
Ort nichts zu verzeichnen.
Auf den Bildaufnahmen haben wir auch nichts
Ungewöhnliches ausmachen können, allerdings bei
den Tonaufnahmen umso mehr.
Denn darauf ist eine Stimme zu hören, die uns fremd
war, es konnte keine Person dort auf Station
herumlaufen, da wir es im Vorfeld genau
ausgekundschaftet haben.

Diese Stimme war sehr deutlich und klang sehr
düster, wir haben diese Tonaufnahme im Internet
ausführlich diskutiert und es konnte nicht rational
und logisch erklärt werden.

Tonaufnahmen können relativ einfach angefertigt werden, es empfiehlt sich neben den Tonaufnahmen die eine Kamera aufnimmt weitere Geräte mitzunehmen um Ton aufzuzeichnen da diese um einiges besser aufnehmen.

Günstige Aufnahmegeräte gibt es im Internet zu genüge, falls Sie bereit sind ein paar Euro zu investieren kaufen Sie mehrere. Auch ruhig Günstigere die Sie ohne Angst einfach mal in einem Raum zurücklassen können. Falls diese geklaut oder beschädigt werden, ist dies dann nicht so tragisch.

Es kommt oft vor dass paranormale Ereignisse erst ausgelöst werden, wenn man sich selber nicht mehr in den Raum befindet. Dadurch dass Sie Aufnahmegeräte zurücklassen, haben Sie aber gute Aufnahmen die Sie dann auswerten können.

Falls die Orte die Sie besuchen im näheren Umfeld sind, lassen Sie ruhig auch mal Geräte alleine zurück und lassen Sie die Geräte aufnehmen.

Die Geräte können Sie dann am nächsten Tag mit einen Haufen neuen Material wieder abholen. Sie werden staunen, was Sie alles auf diesen Aufnahmen entdecken.

Während man Aufnahmen macht, empfiehlt es sich selber nicht zu sprechen (sofern man keine Fragen Untersuchungen durchführt), sämtliche Geräusche wie Lautes durchschnaufen, husten, pfeifen und co. Sollten vermieden werden damit man komfortabler und problemloser die Aufnahmen auswerten kann.

Machen Sie untereinander aus, dass man nur spricht, wenn es etwas Dringendes ist, wenn Sie durch die Örtlichkeiten spazieren wie durch ein Vergnügungspark werden Sie keine Erfolge erzielen.

Auf der Geisterjagd muss man professionell, ruhig und besonnen vorgehen.
Achten Sie darauf nicht zu trampeln.

Fragenstunde:

Die Fragenstunde kann man auf zwei vers. Arten durchführen, man kann dabei auch auf technische Mittel setzen wie Tonaufnahmen.
Hierzu positioniert man ein Tonaufnahmegerät in einem Raum und stellt Fragen. Man sollte nicht zu lange Fragen stellen und nur solche, die einfach zu beantworten sind.
Nach einigen Theorien beansprucht das Antworten den Geistern Energie. Und diese verschwenden Sie ungerne dafür lange Antworten geben zu müssen.
Achten Sie darauf nach einer Frage dem Geist genug Zeit zulassen, um zu antworten, stellen Sie die Fragen nicht marathonmäßig sondern lassen Sie sich und den Geist Zeit.

Folgendes sollte vermieden werden:

- Stellen Sie keine Fragen die sehr provokant sind und beleidigen Sie auf keinem Fall den Geist da dies mit unangenehmen Konsequenzen ausgehen könnte.
- Stellen Sie keine Fragen die Ihre Zukunft oder die eines Begleiters vorhersagen sollen, ein Geist ist kein Hellseher.
- Stellen Sie keine Fragen die sinnlos sind oder einfach uninteressant sind, dies könnte provokant wirken.

Nachdem Sie alle Fragen gestellt haben nehmen Sie das Tonbandgerät, bei der Auswertung müssen Sie darauf achten, ob etwas zu hören ist, nachdem Sie die Frage gestellt haben.

Dies muss keine Stimme sein, achten Sie auf klopf oder Kratzgeräusche oder auf sonstige Töne, die Sie nicht deuten können.

Sollten Sie tatsächlich eine Stimme auf Band haben, laden Sie sich eines der kostenlose Tonprogramme runter, fügen Sie die Tonbandaufnahme in das Programm ein und verstärken Sie die Aufnahme. So lassen sich selbst leise Stimmen verdeutlichen.

Sofern Sie nicht verstehen was die Stimme sagt können Sie in eines der deutschen Geisterforen ruhig einen Thread erstellen und die Leute um Rat fragen.

Die zweite Variante für eine Fragenstunde bedarf keine technische Geräte, sie läuft eigentlich ab wie die vorherige.

Man wählt einige Fragen aus die man den Geist stellen möchte und spricht diese offen in den Raum aus.

Man muss sich allerdings auf Fragen beschränken, die mit Ja oder Nein beantwortbar sind. Nachdem Sie die Frage gestellt haben bitten Sie den Geist darum mittels Klopfgeräusch eine Antwort zugeben. Einmal klopfen für Ja und zweimal Klopfen für Nein.

Selbstverständlich können Sie diese Variante ebenfalls mit einem Tonaufnahmegerät begleiten.

Trittfalle:

Trittfallen dienen nicht dazu, um letztendlich Geister zu jagen, sie sollten dazu eingesetzt werden, um ein Indikator zu haben, ob weitere Personen im Gebäude / auf dem Gelände sind.
Trittfallen sind problemlos selber erstellbar, wir selber nutzen diese bei jedem Einsatz, den wir durchführen.

Kaufen Sie im Fachgeschäft doppelseitige Klebestreifen oder Pads, die beidseitig beklebbar sind. Zusätzlich kaufen Sie herkömmlichen Faden. Nehmen Sie zum Einsatz diese beiden Komponente und eine Schere mit, wenn Sie vor Ort das Gebäude betreten sind diese vielseitig anwendbar.

Nehmen Sie zwei Klebepads und den Faden, kleben Sie den Faden an einem Pad und kleben Sie diesen dann auf Höhe zwischen Knie und Fuß an den Türrahmen oder an die Wand.
Nehmen sie nun, einen zweiten Klebepad und kleben Sie diesen parallel an den gegenüberliegenden Türrahmen / an die gegenüberliegende Wand. Schneiden Sie vorher den Faden ab.
Achten Sie darauf, dass der Faden straff ist und von keinem Ihrer Begleiter beschädigt wird.

Sie Fragen sich wofür das ganze? Oder Sie ahnen es bereits?
Richtig .. Es ist simpel aber aussagekräftig .. Sollte jemand anderes die Örtlichkeit betreten oder sich in dieser Örtlichkeit herumbewegen und durch diese Trittfalle laufen werden Sie es bemerken!

Sollten Sie Tonbandaufnahmen oder Videoaufnahmen mit Paranormale Ereignisse erzielen so können Sie es ausschließen, dass es andere Personen waren, die an dieser Örtlichkeit herumschleichen, sofern die Trittfallen intakt sind. Sofern Sie die Aufnahmen veröffentlichen wollen, Filmen Sie ruhig die intakten Trittfallen am ende der Aufnahme sodass Sie skeptikern zeigen können, dass es praktisch unmöglich war, dass dort jemand Fremdes vor Ort war.

Sollten dort andere Menschen rumgeistern und durch diese Trittfallen laufen wird der Faden zerrissen oder gelöst sein.
In diesen Örtlichkeit ist es oft dunkel und Geisterjäger neigen dazu in der Nacht diese Orte zu besichtigen, so sind auch diese Trittfallen optisch nicht erkennbar im Dunkeln.
Fremde Personen vermuten diese Trittfallen auch nicht an diesen Örtlichkeiten, sodass es ein effektives Mittel ist.
Diese Methode könnten Sie verfeinern, wenn Sie befürchten, jemand könnte die Fallen beim durchlaufen bemerken und wieder an die Wand kleben:

Schreiben Sie auf den Klebepads mit einem Stift ein Pfeil oder Symbol, dass immer auf 12 Uhr gerichtet ist (oder auf 3 oder 9, dies können Sie selber bestimmen).
Sollte jemand die Falle durchlaufen und in unwahrscheinlichen Fall bemerken, wird dieser ggf. um die Spuren zu verdecken die Falle wieder errichten, sofern der Faden nicht zerrissen ist.
Da er über die Pfeil / Symbol Systematik nicht

bescheid weiß klebt er es unachtsam auf. Wenn Sie die Trittfallen besichtigen, achten Sie immer auf das Symbol. Wenn es weiterhin auf die Uhrzeit zeigt, die Sie gewählt haben, ist Sie nicht berührt worden.

Die Fallen sollten Sie am ende jedes Einsatz wieder einsammeln und mitnehmen.

Diese Trittfallen sind günstig, stellen Sie ruhig genügend Trittfallen aus. Merken Sie sich aber unbedingt wo sie welche aufgestellt, haben und benennen Sie diese Orte auch bei Ihren Begleitern.

Bewegungstest:

Ein Bewegungstest ist schnell und einfach durchführbar, bevor wir darauf eingehen wie man den Bewegungstest durchführt verraten wir Ihnen hier was Sinn und Zweck dieses Test ist:

Angenommen Sie besichtigen einen Ort, an dem es Spuken soll, es existieren Erfahrungsberichte die besagen, das Gegenstände verrückt werden, Türen zugeschlagen oder ähnlich.
Mit einem Bewegungstest könnten Sie nachweisen, ob dies den Tatsachen entspricht, ein solcher Test besteht aus einer Grund Komponente die eine Ausgangslage angibt und mind. Einer weiteren Komponente, die letztendlich bewegt werden soll.

Dies kann z.b ein Blatt Papier sein dass in 3 Felder aufgeteilt ist.
Im Mittelfeld wird z.b ein Kugelschreiber oder ein Zahnstocher oder auch Mehl positioniert. Man könnte dann auf dem Papier oben eine Frage

aufschreiben, die mit Ja oder Nein beantwortbar ist.

Über den Linken Feld schreiben wir dann noch das Wort „Ja" und über den rechten Feld das Wort „Nein".
Nun können wir auf zwei Wege verfahren: Entweder man richtet vor dem Bewegungstestfeld eine Kamera auf die auf den Test zeigt und permanent aufnimmt oder man verzichtet auf eine Aufnahme und sieht am ende ob sich die zu verschiebende Komponente bewegt hat.
Falls sie sich tatsächlich verschoben hat (auf eines der Felder oder nur geringfügig) kann man die Kameraaufnahmen auswerten und sehen, wie sich die Komponente bewegt hat.
Falls man keine Aufnahme gemacht hat, muss man letztendlich sehen ob es eine rationale Ursache gab (Luftzug oder sonstiges) was man auch schon im Vorfeld einmal tun sollte.
Diese Bewegungstests lassen sich beliebig wiederholen.

Weitere Bewegungstest´s:

Sie können wirklich mit simplen Varianten solche Bewegungstest´s durchführen, nutzen Sie einfach haushaltsübliche Sachen und ein wenig Ihrer Kreativität.
Sie können z.b auch eine Flasche auf einem ruhigen Plätzchen stellen und auf dem Deckel ein Zahnstocher oder Stift setzen.
Auch hier können Sie den Test mit einer Kamera begleiten oder nicht.
Falls der Stift am ende der Untersuchung nicht mehr auf der Flasche liegt könnte dies eine paranormale

Ursache haben.

Manche Geisterorte sind noch teilweise oder ganz eingerichtet, manchmal kursieren zu den Orten Gerüchte dass sich div. Gegenstände bewegen sollen.

Dies können Sie mit einem einfachen weiteren Test herausfinden.

Nehmen Sie ein Lineal oder Zollstock mit zu Ihrer Untersuchung und legen sie diesen neben den Gegenstand, der sich laut Augenzeugen bewegen soll.

Sehen Sie nach, an welcher Stelle das Objekt steht in Bezug auf das Lineal oder dem Zollstock. Auch hier können Sie wieder eine Kamera aufstellen oder auch nicht.

Am ende der Untersuchung sehen Sie nach ob sich der Gegenstand immernoch am selben Maßpunkt befindet.

Das sind einfache und simple Tests die ohne großes Equipment, ohne viel Einsatz von Geld durchgeführt werden können.

Dark Room:

Keine Sorge, damit ist nicht der dunkle Raum aus der Erotik Szene gemeint.

Im Dunkeln sind unsere Sinne geschärft und wir nehmen vieles einfach deutlicher wahr. Wir hören in der Dunkelheit besser und wir fühlen in der Dunkelheit besser, da uns das Optische einfach nicht weiter ablenken kann.

Dies ist ein großer Vorteil für uns in der Geisterjagd.

Sicherlich erfordert die „Dark Room" Untersuchung viel Mut, aber sie ist aufjedenfall lohnenswert.

Wenn Sie einen Einsatz durchführen und ein Raum bei Ihnen extremes Unbehagen auslöst, nehmen Sie sich die Zeit und setzen Sie sich in jenen Raum. Vermeiden Sie es mit vielen Leuten diese Untersuchung durchzuführen, optimal wäre eine einzige weitere Begleitperson, jedoch nie alleine. Nehmen Sie Platz und aktivieren Sie wenn verfügbar Ihr Tonaufnahmegerät, anschließend löschen Sie jegliche Taschenlampen, Lichter und co. Damit der komplette Raum möglichst dunkel ist.
Achten sie dann darauf, dass weder Sie, noch Ihre Begleitung Geräusche von sich geben.

Horchen Sie einfach einige Minuten und warten Sie ab ob sie etwas hören oder fühlen. Wir können Ihnen nur den Tipp geben, dass sie Ihre Begleitung absolut nichts sagen, wenn Ihnen etwas auffällt. Behalten Sie es erst einmal für sich und schauen Sie ob sich dieses Ereignis intensiviert, auf gleichen Level bleibt oder verstummt.
Wenn die Untersuchung abgeschlossen ist, fangen Sie nicht direkt an Ihre Erlebnisse zu schildern, betreiben sie etwas mehr aufwand und nehmen Sie sich Notizzettel und Stift mit.
Nun schreibt jeder auf den Notizblock jeder für sich sämtliche Erlebnisse in diesen Minuten, dies ist natürlich aufwendig, aber das Ergebnis ist so unbeeinflußt und unvoreingenommen.
Wenn jeder mit dem Ausfüllen seines Zettels fertig ist, vergleichen Sie die Zettel. So haben Sie eine gute Übersicht dessen, ob sich die Erlebnisse miteinander decken oder nicht.

Sie fragen sich vielleicht nun, warum man es nicht einfach bespricht ohne diese Schreiberei, nun das liegt daran, dass Menschen oft dazu neigen, Erlebnisse von anderen Menschen zu übernehmen da sie hinterher unbeabsichtigt der Meinung sind dasselbe erlebt zu haben, was ihnen allerdings im Vorfeld nicht bewusst war.

Dies verfälscht die Ergebnisse.

Deswegen ist mehr Aufwand immer sehr lohnenswert in Bezug auf unverfälschte Ergebnisse.

Richten Sie sich bei der Nachbesprechung ausschließlich nach den Zettel.

Diese Art der Untersuchung kann, sofern genug Zeit vorhanden ist, auch mehrfach durchgeführt werden, Sie können dies auch vorzugsweise mit Begleitern durchführen, die bei der vorherigen Sitzung nicht dabei waren.

Verraten Sie aber im Vorfeld nicht was man bei der vorherigen Untersuchung gefühlt hat, sodass sie unverfälschte Berichte erhalten.

Hinweis:

Nicht bei jeder Sitzung müssen Sie das Gleiche fühlen, nicht alle Ereignisse wiederholen sich. Dies heißt nicht, dass sie sich die Sachen im Vorfeld eingebildet haben.

Aber wie ein Mensch, wie ein Tier oder ein anderes Lebewesen tun wir nicht immer das gleiche, so auch Geister nicht.

Die Gefahren:

Wie viele Hobbys birgt das Geisterjagen auch Gefahren. Machen Sie sich klar: Sie betreten bei der Ausführung Ihres Hobbys verlassene Gelände und Gebäude.
Die Gebäude stehen teilweise lange leer, einige erst seit kurzen, weil Sie für den Betrieb zu baufällig wurden.

Scheiben können kaputt sein an denen Sie sich schneiden könnten, Nägel können herausstehen an denen sie sich Stoßen könnten.
Böden können nachgeben durch diese Sie herabstürzen könnten.
Wenn Sie die Orte nachts besichtigen, sind die Sichtverhältnisse trotz Taschenlampe sehr eingeschränkt.
Umgeknickte Füße, das Umstürzen durch ein Hindernis, quetschen von Körperteile und sogar Knochenbrüche sind einige Beispiele, die Ihnen wiederfahren könnten.

Möglicherweise können sich auch Tiere im inneren des Gelände / Gebäude befinden. Dies können harmlose Tiere sein wie Katzen oder auch streunende Hunde.
Könnten aber auch nicht so beliebte Tiere sein wie z.b Ratten die einen ggf. auch beißen könnten.

Ein sehr unangenehmes Thema ist auch dass die Gebäude eine größere Gefahr birgen könnten da ältere Gebäude das Risiko fördern mit Asbest ausgestattet worden zu sein.

Zwar ist der einmalige Kontakt mit Asbest nicht hochdramatisch, jedoch könnte auch dieser einmalige Kontakt zu schwerwiegenden gesundheitlichen Problemen führen.

Es verhält sich ungefähr so wie mit Zigaretten, ein einziger Kontakt könnte ausreichen, manche jedoch konsumieren es Jahrzehnte ohne dass etwas passiert.

Sollten Sie feststellen, dass der Ort an dem Sie sich befinden, stark verschimmelt ist sollten Sie sich fragen, ob Sie wirklich darin länger verweilen wollen.

Gerade Asthmatiker und Allergiker sollten sich diese Frage intensiv stellen.

Die Geisterjagd ist interessant, die Orte mysteriös aber die Gesundheit sollte oberste Priorität haben.

Stellen Sie immer sicher wenn möglich, dass Sie in Falle des Falles eine Erstversorgung durchführen können. Ein kleiner Verbandskasten im Rucksack ist sehr effektiv und sollte auch nicht allzu sehr stören.

Psychische Gefahren:

Die Psyche wird bei der Geisterjagd stark beansprucht, wir nehmen sehr viel wahr bei solchen Einsätzen und diese Eindrücke müssen verarbeitet werden.

Wir gehen in die Situationen mit gewissen Erwartungen entgegen, wir Menschen malen uns solche bevorstehenden Situationen in der Fantasie aus.

Diese Fantasien begleiten uns dann, man sollte sich deshalb vor der Untersuchung nicht zu sehr hinreißen lassen sich diese Unternehmung auszumalen.

Sprüche wie „Stell dir mal vor .." sollte man unterlassen, man erinnert sich unterbewusst oder bewusst an diese Gesprächsfragmente und bildet sich dann viel ein wenn man letztendlich nachts durch die dunkeln Räume läuft.

Vor dem Betreten sollte man sich noch mal vergewissern, dass sämtliche Personen diesen Schritt auch wirklich tun wollen, man sollte niemanden dazu überreden oder ihn ungewollt mitzerren.

Zwar ist es gut und ratsam sich hin und wieder seinen Ängsten zustellen, der paranormale Bereich ist hierzu allerdings nicht geeignet.

Lassen Sie auf keinen Fall ängstliche Personen zurück, bleiben sie immer in der näher zueinander, wenn Sie merken eine Begleitperson schwächelt und ist kurz vor der Panik nehmen Sie die Person zur Seite, vergewissern sie sich leise ob alles ok sei zeigen Sie dass sie auf die Person Rücksicht nehmen.

Wenn es der Person schlecht geht, zögern Sie nicht und verlassen Sie gemeinsam das Gebäude. Lassen Sie auf keinen Fall diese Person alleine raus und stellen Sie sicher, dass niemand alleine zurückbleibt.

Es ist sehr wichtig nach einer Untersuchung das Thema durchzusprechen, machen Sie sich nicht lustig, wenn einer Ihrer Begleiter ängstlich über Ihre Eindrücke redet.

Nehmen Sie das Ganze ernst und versuchen Sie die Person zu beruhigen und ihr klar zumachen, dass ihr nichts passieren wird.

Sorgen Sie dafür, dass die Person sich nach dem Einsatz nicht weiter mit dem Thema beschäftigt, bis sie sich beruhigt hat. Falls nötig bieten Sie der Person an bei ihr zu übernachten.

Durch die Geisterjagd können psychische Probleme resultieren, das Gefühl das viele Personen während der Untersuchung haben nehmen einige Personen mit nach Hause da sie immernoch Adrenalin geladen sind.

Wenn diese Personen mit Ihrer Angst alleine gelassen werden, wird die Angst ein Teil ihres Lebens. Sie beginnen mit Licht zu schlafen aus Angst, sie fühlen sich beobachtet, können nicht mehr vernünftig schlafen und sind allgemein sehr ängstlich.

Aus diesen Teufelskreis kommen diese Personen dann nur schwer wieder heraus, wichtig ist, dass man sich die Zeit nimmt und die Begleitung an den Tagen nach dem Einsatz anspricht, ob irgendwelche Probleme bestehen.

Schneiden Sie das Thema nicht komplett an, damit

diese Personen nicht unnötig verstört werden.

Geben Sie der Person eine ruhige Atmosphäre und teilen Sie ihr mit, dass man alles absolut vertraulich behandelt und man unbedingt darüber reden muss und man sie nicht auslachen wird, falls sie wirklich Angst hat.
Viele Menschen die wirklich sehr psychisch leiden trauen sich nicht Ihre Ängste zu offenbaren aus Angst belächelt zu werden.
In Zuge unserer Einsätze wurden wir mit vers. Problemen konfrontiert.
Eine Begleiterin meidet es nach einem Einsatz an dunkeln Gebäude vorbeizulaufen, fühlt sich bei Spaziergängen am Abend beobachtet und meidet komplett die nähe eines besichtigten Ort.

Dies ist ein Umstand, der nicht akzeptabel ist, den man auch so absolut nicht belassen konnte.
An solche Themen muss man sehr feinfühlig herantreten, falls Sie einen ähnlichen Fall erleben machen Sie der betreffenden Person klar, dass man nichts zu befürchten hat.

Stellen Sie klar, dass man vor Geister keine Angst haben brauch und machen Sie den Umstand deutlich, dass der Person immerhin bis dato nichts passiert sei.
Erklären Sie ihr, dass sie einfach versäumt, haben in der Nacht der Untersuchung wieder herunterzukommen, dass Sie den Adrenalin nicht vernünftig abgebaut haben und die Psyche diesen Thrill aus der Nacht nicht abgelegt hat und es nichts zu befürchten gibt.
Sie sollen sich fortan erst einmal aus dem Thema

heraushalten und auch nicht im Internet nach solchen Themen suchen.

Verzichten Sie in naher Zukunft diese Personen erneut mitzunehmen da dies die psychische Probleme nur verschlimmern könnten.

Sollte alles nichts nützen, ist der Gang zum Facharzt unausweichlich. Sie sollten diesen Schritt aufjedenfall gehen, wenn Sie merken, dass es keine andere alternative gibt.

Wichtig ist:
Sollte die Person zu zerstreut sein und so wirken als würde sie wirklich kein Auge mehr zukriegen seit Tagen, sie absolut keinen Bezug mehr zur Realität haben: Steuern Sie eine Klinik mit einer psychiatrischen Abteilung an.
Verzweifelte Menschen tun manchmal unüberlegt Dinge die schwerwiegend oder tödlich enden.

Soziale Gefahren:

Soziale Gefahren sind ebenso ernst zu nehmen wie gesundheitliche und psychische Probleme. Durch das Thema Geisterjagd können auch Freundschaften zerbrechen denn in Momente der Angst reagieren wir Menschen manchmal nicht ganz so nobel, wie man es eigentlich tun sollte.

Schnell vergisst man, dass man mit anderen Menschen unterwegs ist, dies ist insbesondere bei der Geisterjagd dann gefährlich, wenn nicht alle Teilnehmer eine Taschenlampe mit dabei haben. Wenn die Person mit der Taschenlampe dann aus Angst flüchtet und andere ohne Licht zurücklässt kann dies ein Streitthema darstellen im späteren Verlauf.
Sie sollten sich deshalb damit beschäftigen wie sie sich Verhalten werden, wenn sie es mit der Angst zutun bekommen, machen Sie sich einen Plan und halten Sie sich vor Augen, dass sie bei solchen Unternehmungen eine Verantwortung tragen.
Sollten Sie aus Panik weglaufen, ist dies nicht schlimm, dies ist bei manchen Menschen eine natürliche Reaktion. Wie sie sich allerdings nach dem ersten Schreckmoment verhalten ist sehr wichtig. Wenn Sie Personen zurückgelassen haben, überwinden Sie Ihre Angst und gehen Sie zurück um diese herauszuholen.
Insbesondere wenn diese keine Taschenlampen haben, birgt es ein sehr hohes Verletzungsrisiko.

Seien Sie ein Freund und verhalten Sie sich dementsprechend, tun Sie es nicht riskieren Sie eine Freundschaft denn, in solchen Situationen zeigt sich oft, auf wem man sich verlassen kann und wem nicht.

Ein anderer Aspekt ist der Soziale Abstieg, den man ggf. erleidet.
Es ist absolut Verboten ein verlassenes Gelände / Gebäude ohne Berechtigung zu betreten, dies kann eine Anzeige wegen Hausfriedensbruch nachsichziehen.
Auch könnten Staatsorgane Sie für Sachbeschädigungen verdächtigen die Sie nicht begangen haben.
Man riskiert demzufolge seinen einwandfreien Leumund, zwar ist Hausfriedensbruch kein wirklich schwerwiegendes Vergehen, einige Arbeitgeber könnten allerdings selbst dies zum Anlass nehmen sie nicht weiter in Erwägung zu ziehen, wenn es darum geht, eine Stelle zu besetzen.

Einige Berufsgruppen erfordern z.b einen einwandfreien Leumund wie z.b die Tätigkeit im Security Gewerbe.
Staatliche Organe sehen dinge, wie Hausfriedensbruch auch nicht gerne sodass dies hinderlich sein könnte für Ihre berufliche Entwicklung.
Seien Sie sich darüber in klaren, dass Ihr Hobby im Prinzip illegal ist, zwar können Sie sich von den Besitzern der Gebäude Genehmigungen holen, dieses Unterfangen dürfte allerdings oftmals ins leere führen.

Die Aufklärung:

<u>Das Umfeld:</u>

Sie haben ein interessantes Gebäude entdeckt, sich Informationen beschafft und sind sich sicher, dass die dort Untersuchungen durchführen wollen?

Dann kann es an die Aufklärung geben. Zugegeben, Sie könnten auch einfach hin und hoffen, dass Sie nicht auffallen. Hoffen, dass Ihnen nichts passiert .. Aber die Konsequenzen könnten hoch sein. Sowohl für Ihre Gesundheit als auch für Ihr Leumund. Von daher empfiehlt es sich sehr eine genaue Aufklärung durchzuführen, und dies am besten an mehreren Tagen und nicht nur an den Minuten zuvor.

Konzentrieren Sie sich erst einmal nicht auf das Gelände / Gebäude ansich, zu Beginn der Aufklärung steht immer als erstes das Umfeld. Folgendes gilt es zu Überprüfen:

Nachbarschaft

Begutachten Sie die Nachbarschaft, befinden sich im Umfeld des Gebäude viele Wohnhäuser, die noch bewohnt sind?
Gibt es gewerbliche Objekte in der Nachbarschaft indem viel Betrieb herrscht?
Wenn im Umfeld Häuser oder Fabriken sind, müssen Sie umfangreich Aufklären um Ihre Untersuchungen anschließend sicher durchführen zu können.

Wie sind die Sichtverhältnisse von den Häusern zum auserwählten Gebäude? Kann man leicht auf das Gebäude blicken oder wird es von Bäumen geschützt? Ist es eine Nachbarschaft die eher aus älteren Herrschaften besteht was zufolge hat dass die Menschen dort eher zu frühen Zeit schlafen gehen oder ist es ein gemischtes Publikum?

Schließen die meisten Bewohner Ihre Rollläden wenn es dunkel wird?

Wenn Fabriken in der Umgebung sind, arbeiten diese permanent durch oder herrscht dort ab eine gewisse Uhrzeit ruhe?

Machen Sie sich mit den Gewohnheiten der Bewohner vertraut, sehen Sie viele Menschen die Hunde spazieren führen?

Wo gehen Sie lang? Scheinen diese aufmerksam zu sein?

Können Sie auf das Gelände des Gebäude gehen ohne Gefahr zu laufen dort schon entdeckt zu werden?

Kann von der Straße aus eingesehen werden, ob sich jemand im Erdgeschoss befindet oder verhindert dies die Vegetation?

Das sind alles entscheidende Fragen die zum Erfolg oder Misserfolg führen können. Gehen die Bewohner früh schlafen oder/und schließen frühzeitig die Rollladen ist es unwahrscheinlicher gesehen zu werden und man kann mit den Taschenlampen später im Gebäude etwas großzügiger vorgehen.

Sind viele Menschen mit Hunde unterwegs steigt das Risiko dass die Leute auf Taschenlampen innerhalb des verlassenen Gebäude aufmerksam werden.

Gehen möglicherweise Hundebesitzer auf das

verlassene Grundstück damit die Hunde dort in ruhe ihr Geschäft verrichten können? Diese Information ist sehr wichtig denn die wenigsten Hundebesitzer sehen zu wie die Hunde ihr Geschäft machen, ihr Blick schweift ab und so können sie Gefahr laufen das man sie entdeckt.

Während Sie die Umgebung aufklären, sollten Sie darauf Achten sich unauffällig zu verhalten. Wenn Sie die Umgebung observieren tun sie so als würden Sie normal spazieren gehen. Bleiben Sie nicht stehen um sich in aller Ruhe umzusehen, sondern bleiben Sie in Bewegung und richten Sie ihr Hauptaugenmerk nicht zu auffällig auf das Objekt der Begierde.

Wenn es erforderlich ist, dass sie vom Stehen einige Minuten eine Szenerie in Auge behalten müssen, setzen Sie auf Täuschung.

Nehmen Sie aus Ihrer Tasche Ihr Handy und tun sie so als würden Sie telefonieren! Sprechen Sie dabei als würd wirklich jemand am anderen Ende der Leitung sein. Wenn Sie nicht alleine die Umgebung aufklären, können Sie auch stehen bleiben und sich miteinander unterhalten. Dabei sollte man sich so positionieren, dass eine Person den Blick auf die betreffende Stelle richten kann, und die andere steht mit dem Rücken zu diesem Punkt.

Dadurch wirkt es so als würde ein völlig normales Gespräch stattfinden.

Wenn sämtliche Personen auf ein Punkt gerichtet sind und sich unterhalten, übermittelt dies den Eindruck dass man sich über genau das unterhält. Dies ist nicht förderlich für unsere Aufklärungsabsichten.

Wenn Sie von Nachbarn angesprochen werden ob sie etwas bestimmtes Suchen oder was Sie in der Nachbarschaft tun geben Sie einfach vor dass Sie in Erwägung ziehen, in der Nachbarschaft zu bauen und sich einen Eindruck machen wollten.

Setzen Sie viel auf Täuschung, Sie sollten nicht den Fehler machen und die Nachbarn auf das Gebäude ansprechen. Viele Nachbarn sind genervt von diesen Sensationstourismus und arbeiten eng mit der Polizei zusammen und informieren diese unverzüglich.
Selbst wenn die Nachbarn sehr freundlich und auskunftsbereit wirken, die Stimmung könnte bei diesem speziellen Thema sehr schnell kippen und Ihnen einen Riegel vor Ihren Vorhaben setzen.

Wenn in der Nachbarschaften Lokale / Gaststätten sind, bei denen Sie sich stärken wollen, tun sie dies. Verzichten Sie allerdings darauf das Gebäude zu thematisieren. Gastwirte / Bedienungen hören gern mal mit was Ihre Gäste diskutieren. Vorsicht ist geboten!

Parkmöglichkeiten

Ebenso wichtig sind die Parkmöglichkeiten im Umfeld, sie sollten darauf verzichten auf dem Gelände oder im direkten Umfeld zu parken. Man wird Sie sonst schneller bemerken als Ihnen Lieb ist, gerade wenn sie Nummernschilder haben, die in diesem Bereich sehr selten sind.
Solche Spukorte sind sehr oft besucht, wenn man fremde Nummernschilder entdeckt, ist für die meisten bereits klar was im argen liegt.

Um vorzeitig die Nachbarn und die Polizei nicht auf den Plan zu rufen, sollte man entfernt parken und einen Fußmarsch aufsich nehmen.
Bei jeglichen Besuchen, sowohl bei der Aufklärung als auch bei der Untersuchung: Parken Sie immer Weiterweg vom Gebäude.

Sie ersparen sich dadurch wirklich viel Ärger.
Wenn Sie mit mehreren Autos anreisen versuchen Sie auch diese etwas versetzt zu parken, damit sie nicht direkt als Gruppe auffallen.
Wenn Sie Equipment dabei haben wie Kameras lassen Sie diese nicht offensichtlich im Auto liegen.

Polizei

Die Polizei gilt als Freund und Helfer, in unseren Hobby allerdings nicht wirklich. Denn wir müssen es so deutlich sagen: Unser Hobby ist nicht legal! Jeder muss selber entscheiden, ob er die rechtlichen Konsequenzen eingehen möchte, wenn Sie die Frage mit einem klaren >> Ja! << beantworten gilt es auch Aufklärungsarbeit zu leisten in Sachen Polizei.

Finden Sie heraus ob eine Polizeiwache in der Nähe des Gebäude vorhanden ist, wenn eine in näherer Umgebung ist, fahren Sie die Strecke ab von dem Gebäude bis zur Polizeiwache und notieren Sie sich die Zeit wielange es dauert, bis Sie am betreffenden Ort sind.
Diese Zeit könnte relevant sein, wenn Sie im Gebäude sind und sehen ein Passant hat sie entdeckt und greift zum Handy dann wissen sie ungefähr welches Zeitfenster Sie haben, um zu entkommen.
Ziehen Sie von Ihrer Zeitrechnung 30% ab,

möglicherweise kommt die Polizei mit Blaulicht zum Einsatzort.

Sie Fragen sich sicher, wieso dies relevant ist? Nun lassen Sie uns dies weiter ausführen.

Wenn Sie sich in einem großen Krankenhaus befinden mit bsp. 6 Stockwerke dann müssen Sie abschätzen wielange eine Flucht dauern würde.

Ist die Polizeiwache nur wenige Minuten vom Gebäude entfernt muss abgeschätzt werden ob man das Risiko eingehen sollte aus dem Gebäude zu gehen. Denn dies bedeutet dann, dass man der Polizei quasi ins offene Messer läuft.

Befindet man sich im fünften Stock eines riesigen Gebäudes kann man sich denken, dass die Flucht einige Minuten beansprucht.

Es ist daher, so verrückt es auch klingt, manchmal besser im Gebäude zu bleiben.

Warum dies so ist, erklären wir im Kapitel „Auf Geisterjagd: Die Polizei ist in Sicht!" detailliert.

Bei der Aufklärung ist es auch wichtig darauf zu Achten wie oft ein Polizeiwagen an diesen Ort vorbeifährt, dadurch lässt sich dann auch einschätzen ob die Polizei eher schnell oder langsam im Zweifelsfall vorfahren könnte.

Achten Sie bitte darauf dies nicht zu auffällig zu beobachten, zücken Sie also nicht jedes Mal einen Notizblock, wenn Sie einen Polizeiwagen sehen, dies könnte sonst einen faden Beigeschmack auslösen.

Parken Sie logischerweise nicht zu nahe an der Polizeistation, falls Sie aus dem Gebäude flüchten müssen, wäre es kontraproduktiv, wenn Sie der

Polizei entgegenlaufen würden oder deren eventuell gerufenen Verstärkung.

Handynetz

Prüfen Sie wie das Handynetz in der Umgebung ist, gilt dort allgemein ein guter Handyempfang? Dieser ist wichtig für den Fall, dass etwas passiert und ironischerweise die Polizei oder der Rettungsdienst von nöten ist.

Ist das Handynetz schlecht oder gar nicht vorhanden, planen sie dies ein. Nehmen Sie unbedingt einen Verbandskasten mit für den Fall der Fälle.
Verhalten Sie sich dann nicht zu mutig und halten Sie sich vor Augen, dass Sie im Notfall keinen Rettungsdienst erreichen können.

Die Patroullien

Für jeden Einsatz ist es wichtig zu wissen, wer auf das Gelände fährt, wer dort Patroulliert.
Patroullien können sowohl von Polizisten durchgeführt werden als auch von Security Unternehmen, Eigentümer oder Nachbarn mit zu viel langeweile.
Ein Gebäude an dem viel Patroulliert wird sind nicht grundsätzlich unbetretbar.
Wir selber waren beispielsweise bereits in einer verlassenen Psychiatrie an der die Polizei und ein Security Unternehmen patroullien fährt sowie gesichert wurde durch Bewegungsmelder an einigen Punkten.
Nichts ist unmöglich, sofern man taktisch vorgeht.

Sie müssen im Vorfeld herausfinden, wer dort alles Aktivitäten nachgeht. Positionieren Sie sich an Stellen von denen Sie auf das Gebäude / Gelände blicken, können oder auf deren Zufahrten.

Achten Sie auch hier wieder darauf, dass Sie sich nicht auffällig verhalten. Täuschen Sie wieder ein Handygespräch vor oder ein Gespräch mit Ihrer Begleitung, auch hier sollte nur eine Person ihren Blick auf das Gebäude richten.

Wechseln Sie häufig den Standort, dies hat nicht nur den Sinn unauffällig zu bleiben, sondern auch um das Gebäude aus vers. Blickrichtungen zu sehen.

Achten Sie darauf ob Fahrzeuge auf das Grundstück fahren und ob dies zivile oder behördliche Fahrzeuge sind.

Notieren Sie auch hier wieder die Details. Schauen Sie auf die Uhr und notieren Sie sich die Uhrzeit. Beobachten Sie ob das Fahrzeug in bestimmten Zeitintervallen wiederkommt und wielange es dauert bis das Fahrzeug wieder das Gelände verläßt.

So lässt sich feststellen ob die Patroullien in bestimmten Zeitfenster geführt werden wie z.b Stündlich, 3 stündlich oder ob es sporadisch gemacht wird oder wann immer mal Zeit dafür ist. Wenn Sie nach den Zeitintervallen observieren, bleiben Sie keinesfalls an demselben Punkt stehen, bewegen Sie sich.

Die Zeit zu wissen wielange das Fahrzeug auf dem Gelände verweilt ist ebenfalls wichtig, wenn Sie sich später im Gebäude befinden können Sie, wenn sie die Uhr im Auge behalten, dafür sorgen, dass sie zu diesen Zeitintervallen verdunkeln, sodass Sie nicht auffallen. Wenn Sie am Fenster dann beobachten wie das Patroullienfahrzeug vorfährt können Sie sehen ob man etwas Ungewöhnliches gesehen hat, und zwar dadurch ob das Fahrzeug das Gelände wie üblich nach X Minuten verlässt oder diesmal länger dort verweilt.

Letzteres wäre unter Umständen eine Indikator dafür, dass man aufgeflogen ist oder misstrauisch wurde.

Konzentrieren Sie sich aber nicht einzig allein auf das, was vor dem Gebäude stattfindet, möglicherweise können auch im Gebäude Security´s arbeiten die im Gebäude patroullien laufen und die Szenerie im Auge behalten.

Dies können Sie allerdings einfach auskundschaften, sehen Sie nach ob in irgendwelchen Räumen Licht brennt. Halten sie diese Räume intensiv im Auge, dies können Sie auch tun wenn Sie spazieren, dazu brauchen Sie nicht an einer Stelle verweilen.

Wird das Licht gebrochen, sehen Sie Schatten? Verändern sich die Lichtverhältnisse? Dies wäre eine Indikator dafür, dass sich in den Raum Menschen befinden.

Leuchtet dieses Licht permanent oder wird es auch aus und eingeschaltet? Gehen in anderen Räume Lichter an?

Schreiben Sie sich die Uhrzeiten auf! Es muss nämlich nicht heißen dass dort Menschen anwesend sind. Es könnte auch damit zu erklären sein, dass diese per Zeitschaltung aktiviert werden.

Behalten Sie diese Räume ebenfalls im Auge und sehen sie ob sich die Lichtverhältnisse verändern und Schatten zu sehen sind.

Observieren Sie auch die Fenster, wo kein Licht zu sehen ist. Sehen Sie dort kleine Lichtkegel die von

Taschenlampen stammen? Dann befinden sich höchstwahrscheinlich Security´s in den Gebäude. Sehen Sie soetwas überlängeren Zeitpunkt nicht lässt dies vermuten, dass dort keine anwesend sind, da Security´s öfter Rundgänge absolvieren müssen.

Wenn das betreffende Gebäude nicht weit von Ihnen entfernt liegt, observieren Sie es an mehreren Tagen. Nehmen Sie immer die Notizen und Zeiten die sie an den vorherigen Tag gemacht, haben mit und achten Sie darauf, ob die Fahrzeuge zu den gleichen Zeiten erscheinen.
Achten Sie auf die Fenster, sind die gleichen Räume hell die auch an den Tagen zuvor erleuchtet waren? Ist dort allerdings nie ein Schatten zu sehen oder veränderte Lichtverhältnisse? Dann spricht dies dafür dass die Räume nur zur Einbruchsprävention eingeschaltet werden um vorzugaukeln jemand wäre in dem Gebäude.

Schauen Sie ob die Räume, deren Licht erst später anging zur gleichen Zeit wie am Tag zuvor aktiviert werden. Erhellen diese Räume wieder zum gleichen Zeitpunkt: Zeitschaltung! Keine Gefahr!

Nehmen Sie sich die Zeit und beobachten Sie wieder die dunkeln Fenster, suchen Sie ab ob sie dort Lichtkegel sehen.
Sollten Sie an diesen Tag wieder nichts sehen so können Sie den Gedanken ablegen, dass sich in diesem Gebäude Security befinden.

Ob Sie direkt am ersten Tag in das Gebäude gehen oder erst am zweiten oder dritten bleibt Ihnen selbst überlassen.

Egal an welchen Tag: Immer erst die Lage aufklären.
Selbst wenn Sie an 5 Tagen zuvor dort waren, seien
Sie nicht leichtfertig und klären Sie auf!
Wenn Sie schon 2 mal im Gebäude waren ohne
Vorkommnisse. Seien Sie nicht dumm! Klären Sie
vorher auf!

Sie denken sich vielleicht: was für ein Aufwand!
Dies müssen Sie nicht tun! Sie können auch darauf
verzichten, allerdings erhöht es das persönliche
Risiko für Sie.
Aber wir möchten nicht zuviel vorwegnehmen:
Das Aufklären macht mitunter genauso viel Spaß
wie die paranormale Untersuchung, jedenfalls ist
dies für uns so.
Es ist sehr spannend die Örtlichkeit zu observieren,
und sich einen Plan anzufertigen wie man mit
Patroullien umgeht und diese austrickst.

Das Gelände

Die Aufklärung des Gelände ist ebenso wichtig wie
zu wissen wer dort Patroulliert und wie die
Nachbarschaft ist.

Klären Sie auf wie viel Zugänge es gibt, sowohl die
Zugänge, die mit dem Auto aus nutzbar sind als auch
diese, die nur zu Fuß zu passieren sind.
Notieren Sie sich diese Informationen, insbesondere
die Ausgänge, die nur zu Fuß passierbar sind, sind
strategisch sehr wichtig.
Wieso dies so ist, werden wir im Kapitel „Auf
Geisterjagd: Die Polizei ist in sicht" näher erläutern.
Sehen Sie sich auf dem Gelände um nach strategisch

wertvollen Punkten, stellen Sie sich hierzu vor, dass Sie Flüchten müssen, das Gelände aber nicht verlassen können.

Hier kann es entscheidend sein Standorte auf dem Gelände zukennen bei denen man sich gut verstecken kann wie z.b Büsche, Bäume oder Container / Betonblöcke oder sonstige dinge.

Auch Erderhöhungen, hinter denen man sich verstecken kann, können wertvoll sein.

Halten Sie ausschau nach gefährlichen Begebenheiten auf dem Gelände. Liegt viel Schutt an einer bestimmten Stelle des Gelände meiden Sie diese Stelle.

Denn diese Stelle bedeutet ein erhöhtes Verletzungsrisiko oder aber einen erhöhten Sichtbedarf was das Risiko steigert entdeckt zu werden.

Prüfen Sie, ob auf dem Gelände Überwachungsanlagen vorhanden sind, sehen sie nach ob bei den Zugängen Kameras installiert sind. Falls welche verbaut wurden, prüfen Sie ob es Zugangspunkte gibt an denen sich keine Kameras befinden. Dies muss kein offizieller Eingang sein, möglicherweise gibt es einen kaputten Zaun oder einen niedrigen Zaun über, den man problemlos klettern könnte.

Kameras müssen allerdings nicht immer in Betrieb sein, möglicherweise wurden sie nur zur Betriebszeiten des Gebäudes verwendet, möglicherweise sind es allerdings auch nur Attrappen.

Sollten Sie durch den Sichtbereich einer Kamera laufen müssen, versuchen Sie ihr Gesicht so zu

drehen, dass man Sie nicht erkennt.
In der Regel sind solche Objekte allerdings nicht
kameraüberwacht.

Das Gebäude:

Wenn Sie von außen dass Gebäude observieren
prüfen Sie wie die Sichtverhältnisse von außen in
das Gebäude sind, schätzen Sie ein, wie leicht man
Sie erkennen könnte.
Prägen Sie sich ein, wie viele Eingänge das Gebäude
hat und achten Sie unbedingt darauf wie die
Begebenheiten vor diesen Eingängen sind.
Sind die Eingänge zugewuchert und vermüllt lässt es
daraufschließen dass diese Eingänge lange nicht
mehr genutzt wurden.
Sehen Sie wenige Eingänge die anders aussehen
lässt es darauf schließen, dass diese manchmal
genutzt werden. Möglicherweise haben Polizei oder
Sicherheitsdienste Schlüssel zu genau jenen
Eingängen, über die sie das Gebäude betreten falls
es nötig ist.
Diesen Umstand zu kennen birgt ein riesiger Vorteil
wenn man aus jenen Gebäude flüchten muss denn
man weiß von welchen Punkten die Polizei / die
Securitys höchstwahrscheinlich kommen. Prägen Sie
sich ein an welchen Punkten es am
unwahrscheinlichsten ist, dass dort jemand
hereinkommt. Diese Standorte sind für eine
erfolgreiche Flucht sehr wichtig.

Prüfen Sie außerdem wie die Bausubstanz aussieht,
meistens läßt sich vom äußeren Eindruck auch
einschätzen, wie der Zustand des Hauses im inneren
aussieht.

Eintrittspunkte

Die Königsdisziplin: Eintrittspunkte ..
Um das Gebäude auch im inneren zu Untersuchen
benötigen Sie einen oder vorzugsweise mehrere
Eintrittspunkte.
In der Geisterjäger Szene gilt es als Tabu das
Gebäude zu beschädigen, um in das innere zu
gelangen. Sie sollten dies auch so handhaben, nicht
zuletzt auch deshalb, weil es eine Straftat wäre
(Sachbeschädigung).
Schlagen Sie also bitte keine Fenster und Türen ein,
verschlossen ist verschlossen!

Prüfen Sie jede Tür und drücken Sie an ihr um zu
prüfen, ob sie wirklich geschlossen ist, das gleiche
praktizieren Sie an den Fenstern.
Wenn eines sich öffnet, haben Sie einen
Eintrittspunkt.
Wenn Sie ein bereits eingeschlagenes Fenster sehen
müssen Sie selbst entscheiden, ob sie diesen
Umstand ausnutzen wollen, man sollte allerdings
berücksichtigen, dass man ggf. verdächtigt wird,
dieses Fenster eingeschlagen zu haben falls man von
der Polizei oder der Security erwischt wird.

Sie sollten sich bei der Aufklärung die möglichen
Eintrittspunkte notieren sodass Sie nicht lange
suchen müssen wenn es so weit ist.
Bei den Eintrittspunkten ist wichtig zu erwähnen:
Sind Türen oder Fenster offen achten Sie darauf,
dass Sie diese beim Betreten schließen.
Falls doch einer auf das Gelände kommen sollte falls
Sie sich im Inneren befinden werden diese sehr
misstrauisch, wenn sie eine offene Tür sehen.

Sie brauchen keine Angst davor haben, dass die Tür eventuelle verschlossen ist, wenn Sie diese schließen, es reicht wenn Sie diese Anlehnen. So sieht diese verschlossen aus.
Und für den ungewöhnlichen Fall, dass die Tür wirklich beim Schließen nicht wieder aufgeht: Es befinden sich unzählige Fenster an solchen Gebäuden. Öffnen sie eines, klettern Sie heraus und ziehen Sie das Fenster möglichst weit zu.
Dies ist zwar nicht die eleganteste Form allerdings bleibt einem in diesem Fall nichts anderes übrig.

Der Fluchtweg:

Bei der Aufklärung sollten Sie sich einen perfekten Fluchtweg aussuchen, hier müssen Sie die vers. Zusammengetragenen Informationen nutzen.
Folgende Komponenten sollten dabei eine Rolle spielen:

– Wo sind die meisten Zugangspunkte
– Wo sind die meisten Versteckmöglichkeiten falls man es nicht rechtzeitig vom Gelände schafft.
– Wo sind am Gebäude die meisten ungenutzten Eingänge.
– Wo ist der sinnvollste Fluchtweg der zu den Auto´s führt.
– Welche Bereiche des Geländes sind mit Autos sehr schlecht zu befahren.

Durch diese Stichpunkte sollten Sie einen perfekten Fluchtweg auskundschaften können.

Auf Geisterjagd:
Arkustik

Nun ist es so weit, der Moment ist gekommen an dem Sie endlich das Gebäude betreten.
Die Aufklärung war spannend aber auch anstrengend, wenn Sie jetzt glauben der Spaß kann beginnen stop: Geisterjagd ist ein anstrengendes Hobby. Es macht sehr viel Spaß aber man muss permanent in Alarmbereitschaft sein.

Die Arkustische Komponente ist sehr wichtig, beim Betreten des Gebäudes sollte man äußerst still sein denn zur Orientierung ist dieser Moment immens wichtig.
Gehen Sie in das Gebäude, egal ob Sie nun durch die Tür, ein Fenster oder einem Loch in das innere gelangen: Spitzen Sie die Lauscher und seien zu ruhig. Achten Sie darauf keine Geräusche zu generieren.

Fassen Sie die Türklinke oder das Fenster beispielsweise leicht an und öffnen Sie diese langsam und behutsam. Wenn Sie merken, dass die Tür / das Fenster Geräusche dabei macht, versuchen Sie Folgendes:
Nehmen Sie die Türklinke in die Hand oder ein greifbares Stück des Fensters und ziehen Sie dann die Tür / das Fenster zu sich. Während die Sie dies Tun nehmen Sie Ihre andere Hand, mit ihr drücken Sie dann die Tür / das Fenster auf. Die drückende Hand sollte dabei mehr Kraft aufwenden als die ziehende, damit lassen sich oftmals die knarrende / laute Geräusche deaktivieren.

Wenn Sie nun im Inneren des Gebäude sind positionieren Sie sich dicht an der Tür, stellen Sie sicher, dass alle Begleiter stehen bleiben und sich ruhig verhalten.
Horchen Sie nun ob Geräuschquellen in Reichweite sind.
Prüfen Sie ob Geräusche hörbar sind, insbesondere nach folgenden:

- Schritte
- Geräusche von elektronischen Geräten (Fernseher, Radio oder ähnlich)
- Körperliche Geräusche wie z.b Husten oder Niessen
- Stimmen
- Funkgerät Fragmente
- Tiergeräusche (Bellen, Wimmern oder ähnliches)

Sofern Ihnen nichts außergewöhnliches aufgefallen ist, setzen Sie Ihren Weg fort. Sie sollten allerdings über den gesamten Zeitraum die Arkustik ernst nehmen.
In jeden Zimmer, in jedem Flur, zu jeder Sekunde und Minute: Achten Sie auf die Arkustik. Verlassen Sie sich nicht einzig und allein auf das was sie sehen denn in der Dunkelheit hören Sie eher etwas als es zu sehen.

Sind im Inneren des Gebäudes die Türen geschlossen, so achten Sie darauf auch diese Tür immer vorsichtig und möglichst geräuscharm zu öffnen.
Es empfiehlt sich immer vor dem Betreten eines jeden Zimmers die Geräuschkulisse zu checken.
Drücken Sie die Türen immer erst ein kleines Stück

auf, wir empfehlen Ihnen erst einen sehr kleinen Spalt zu öffnen, ungefähr zwei, drei Fingerbreit. Die Gründe hierfür geben wir Ihnen im nächsten Abschnitt „Wie rücke ich sicher vor?".

Wenn die Tür des betreffenden Raum ein Stück weit offen ist, verharren Sie in dieser Position bitte einige Sekunden lang. Konzentrieren Sie sich auf die Geräuschkulisse in dem betreffenden Raum. Stellen Sie immer sicher, dass Ihre Begleiter sich ruhig verhalten und sich möglichst nicht Bewegen während Sie die Lage observieren. Menschen, die sich verstecken, neigen desöfteren dazu sich noch einmal in Ihrem Versteck zu positionieren, sicherzustellen dass man nicht gesehen werden kann. Dies erzeugt Geräusche, die Sie leicht hören können sobald die Person die sich eventuell in dem Raum aufhält vermutet dass Sie nun den Raum betreten.

In ängstlichen / Adrenalingeladenen Momenten atmen diese Menschen auch deutlich kräftiger. Während sie in das Rauminnere horchen, empfiehlt es sich deshalb die eigene Atmung für einige Sekunden zu unterbrechen um zu sehen ob Atemgeräusche aus jenen Raum zu vernehmen sind. Ihre Begleiter sollten allerdings nicht zu dicht an Ihnen stehen, damit sie nicht irrtümlicherweise deren Atemgeräusche hören. Da es nicht selten ist, dass sich in solche Objekte Obdachlose Menschen befinden, die dort nächtigen und leben, achten Sie auf Geräusche die von Hunden stammen könnten. Viele Obdachlose halten sich jene Tiere, um nicht so allein zu sein, da ihnen die Tiere sehr viel bedeuten,

sind sie immer sehr bestrebt diese zu schützen.
Viele Hunde winseln oder jaulen und Bellen, wenn
fremde Menschen sich Ihnen nähern, wenn Sie
diesen Indikator beim betreten eines Raumes hören
können Sie in den meisten Fällen davon ausgehen
dass nicht nur ein Hund in diesen Raum anwesend
ist sondern auch ein dazu gehöriger Besitzer.

Während paranormalen Untersuchungen und
Besichtigungen der Örtlichkeiten sollte man so
wenig wie möglich sprechen.
Das ganze sollte kein Schulausflug Charakter
erhalten, wo viel rumgeblödelt und gesprochen wird,
da einem sonst viel entgeht.
Dadurch dass Sie nur das Nötigste miteinander
sprechen gewinnen Sie zwei Vorteile: Der erste
wäre, dass sie selber nicht so leicht zu orten sind für
andere Menschen. Der zweite Vorteil ist dass sie so
jedes kleinste Geräusch hören, welches auch eine
paranormale Ursache haben könnte und genau für
soetwas besuchen Sie ja die Orte.

Es kann desöfteren passieren, dass Sie während des
Besuchs Geräusche hören, wie z.b ein knarren,
klopfen, jaulen und/oder ein Geräusch von
zuschlagenden Türen.
Sie sollten allerdings nicht direkt in Panik geraten
oder paranormale Aktivitäten darin sehen. Die
Gebäude sind alt, alte Gebäude machen öfter
Geräusche und wenn man still ist, fallen einem diese
auch deutlicher auf.
Schlägt eine Tür zu oder hören Sie ein Klopfen
versuchen Sie ruhe zu bewahren: Schreien Sie
möglichst nicht los, bewegen Sie sich zu den Ort
dieser Geräuschquelle und horchen Sie genau hin.

Untersuchen Sie den Ort daraufhin nach einer rationalen Erklärung. Ist eine Tür zugeschlagen worden sehen Sie nach ob ggf. ein Fenster in den Raum offen steht durch den ein Windzug gekommen sein könnte der letztendlich die Tür zugeschlagen hat.

Sehr schreckhafte Personen sollten zu solchen Einsätzen nicht mitgenommen werden, ein Schrei ist ein lautes Geräusch. Es signalisiert gerade nachts, dass eine Person Hilfe benötigt.
Wenn Passanten schreie aus einem leeren Gebäude hören werden diese sehr misstrauisch und rufen die Polizei, weil sie ggf. eine Gewalttat befürchten.
Dies können Sie nicht gebrauchen!
Sprechen Sie im Vorfeld darüber kurz welche natürlichen Geräusche dort auftreten könnten und erklären Sie Ihren Begleitern dass dies völlig normal sei aufgrund des Alters der Gebäude.
Wenn die Leute auf solche Situationen vorbereitet sind, reagieren diese ggf. besonnener.
Eine Garantie gibt es hierzu jedoch nicht.

Ein wichtiger Faktor in Hinsicht der Arkustik sind auch Ihre Schrittgeräusche, sie sollten durch diese Gebäude immer mit den Gedanken gehen, dass in der nächsten Ecke jemand lauern könnte.
Sie müssen keinesfalls auf Zehenspitzen gehen, allerdings kann man auch bei normalen Schritttempo darauf achten wie laut man geht.
Halten Sie sich immer vor Augen: Andere Leute hören Sie genauso gut.
Es ist immer besser, wenn Ihnen jemand auffällt, statt dass Sie jemanden auffallen. Denn wissen Sie von anderen Personen, die sich in dem Gebäude

aufhalten, die allerdings nicht von Ihnen wissen ist dies immer ein Vorteil.

Wenn Sie sich ein Outfit für die Geisterjagd zusammenstellen, probieren Sie es im Vorfeld einige Male an und bewegen Sie sich so, wie Sie es wohlmöglich an dem Einsatzort tun.

Einige Kleidungsstücke sind bei Bewegung lauter als andere, nutzen Sie wenn möglich immer Kleidung, die bei Bewegung geräuscharm ist.

Dies ist einfach sinnvoll, um vor Ort von diesem Geräusch nicht abgelenkt zu werden und jene Geräusche nicht permanent auf den Aufnahmen zu hören.

Testen Sie zu Hause auch ruhig mal mit einem Aufnahmegerät wie laut die Kleidung die man tragen will ist, wenn man sich bewegt und filmt. So erspart man sich „Lehrgeld"aufnahmen und man brauch sich hinterher nicht zu Ärgern.

Wenn Sie hören, dass jemand in Reichweite ist, treten Sie nicht gleich die Flucht an, bleiben Sie stehen und bewahren Sie ruhe, versuchen Sie anhand der Geräusche zu ermitteln ob diese Geräusche lauter werden was bedeutet, dass die Geräuschquelle sich nähert oder ob diese leiser wird was bedeutet, dass die Quelle sich entfernt.

Sollten Sie etwas Paranormales hören, damit sind Geräusche gemeint die nicht rational erklärbar sind diskutieren Sie diese nicht sofort mit Ihren Begleitern.

Tippen Sie diese an, wenn etwas hörbar ist, und lauschen Sie gemeinsam. Wenn das Geräusch verschwunden ist, warten Sie noch einige Sekunden ab ob es vielleicht wieder auftritt. Wenn sie sofort anfangen zu diskutieren verpassen Sie wohlmöglich etwas.

Behalten Sie auch stets die Geräusche von außerhalb im Hinterkopf. Motorgeräusche oder jene von zuschlagenden Autotüren sind wichtig denn dies könnte immer Security oder Polizei bedeuten. Selbst wenn Sie im Vorfeld das Gelände gut ausgespäht haben und wissen dass dort nicht patrouilliert wird, es könnte immer sein, dass dennoch ein Fahrzeug erscheint, weil es gerufen wurde da man ggf. aufgefallen ist.
Wenn Sie Geräusche von außerhalb vernehmen rennen Sie nicht ans Fenster, besonders nicht mit mehreren Personen.
Eine Person aus Ihrer Gruppe sollte dies übernehmen und sich langsam zum Fenster hinbewegen.
Wenn Sie Räumlichkeiten betreten und eine Art klackern oder knacken vernehmen welches sich oft wiederholt richten Sie ihren Blick auf die Wände oder an die Tür durch der sie durch sind.
Entdecken Sie dort eine Sensorvorrichtung?
Dies könnte bedeuten, dass die Tür entweder eine automatische Öffnungsfunktion hat oder zweckentfremdet wurde um Alarm zu geben.

Wir selber haben bei einer verlassenen Klinik mal eine solche Erfahrung gemacht. Dort war eine Glasschiebetür wie man sie aus den Supermärkten kennt die ein Klackgeräusch machen, wenn jemand davor steht, was der Tür signalisieren soll zu öffnen. Diese Funktion wurde in der Klinik zweckentfremdet, dies ist uns bei unserem ersten Besuch nicht aufgefallen. Als wir das Klacken vernahmen, dachten wir die Tür wäre aktiv aber verschlossen.

Allerdings rückte sofort die Polizei an nach einigen Sekunden und machte Jagd auf uns.

Wir überlegten uns wie die Polizei auf uns aufmerksam wurde, da wir im Vorfeld auf dem Gelände absolut keinen Streifenwagen sahen.

Wir erinnerten uns dann aber an dieses Klackern und wir besprachen ob es möglich sei, dass dies der Grund dafür war, dass wir aufgeflogen sind.

Wir besuchten dann ein zweites Mal die verlassene Klinik mit der Absicht zu checken, ob wieder die Polizei kurz nach diesem klackern anrückt.

Wieder haben wir sehr viele Stunden aufgewandt um das Gelände auszuspähen. Wir entdeckten auch dieses Mal keinen Polizeiwagen.

Als wir an der betreffenden Glasschiebetür standen und dies Klackern gehört haben positionierten wir uns schon sodass wir die Flucht antreten können.

Es dauerte auch dieses Mal nur einige Sekunden, ein Polizeiwagen bog um die Ecke und verfolgte uns.

Nun wussten wir, dass dort an der Stelle irgendetwas sein muss, was uns verraten würde, wir waren uns allerdings noch immer nicht ganz sicher, ob es diese Klackervorrichtung war.

Ggf. hing auch nur eine Kamera in dessen Nähe durch die man uns beobachtet hat oder ein Bewegungsmelder ist in der Nähe der Alarm gibt.

Wir ließen einige Tage vergehen, wir wussten dass die Polizei nun in Alarmbereitschaft sei. Wir machten uns dann ein drittes Mal auf, dieses Mal positionierten wir uns so dass wir nicht in diesen Radius des Klackers standen. Wir probierten es an ves. Standpunkten um diesen Radius herum. Wenn eine Kamera oder andere Vorrichtungen vorhanden

wären, die uns an den Tagen zuvor verraten haben
hätten diese auch wieder Alarm geschlagen.
Doch es geschah nichts. Es rückte keine Polizei an.
Wir haben den Abend dann genutzt um weitere
Eingänge zu suchen, die so eine Vorrichtung haben,
fanden aber nur diesen Einzigen.
Für uns war klar dass diese Klackervorrichtung
einen Alarm auslöst der dann bei der Polizei eingeht.
Wäre es nur einmal passiert, könnte man dies als
Zufall abstempeln, da es allerdings mehrfach
passiert ist waren wir uns absolut sicher.

Wir verzichteten darauf es noch einmal
auszuprobieren, der Nutzen wäre zu gering gewesen
gegenüber der möglichen Konsequenzen.
Denn man hat es im Vorfeld geschafft immer wieder
zu flüchten, dies kann beim nächsten Mal allerdings
anders ausgehen. Und zum anderen könnte man so
riskieren dass die Polizei das Aufgebot erhöht was
kontraproduktiv für das Geisterjagen an diesem Ort
wäre.

Von daher gilt: Nehmen Sie auch simple
Klackergeräusche wahr, sie könnten Ihnen den Po
retten.

Bzgl. arkustisch Paranormalenuntersuchungen:
Denken Sie am besten immer daran vor beginn der
Untersuchungen oder beim Herumlaufen durch das
Gebäude kurz und prägnant zu beschreiben, in
welchen Teil des Gebäude man sich befindet.
Dies ist ungemein hilfreich wenn man unabhängige
Tonaufnahmen anfertigt, sollte man den Ort wo man
aufnimmt nicht benennen kann man oft nur raten.
Der Grund, warum es wichtig ist, dies zu wissen ist

ganz einfach erklärbar, falls Sie in einem speziellen Raum Geräusche auf dem Tonband wahrnehmen die Sie real nicht gehört haben empfiehlt es sich immer den Ort noch einmal zu besuchen und die Aufnahmen zu wiederholen. Dies würde sich als schwierig erweisen wenn man im Dunkeln tappt wo die Aufnahme gemacht wurde.

Diese kurze Benennung sollte allerdings erst dann gemacht werden wenn der Moment sicher ist, auf keinen fall, bevor man den Raum gecheckt hat oder man unsicher ist, ob in Reichweite keine fremden Personen sein könnten.

Wie rücke ich Sicher vor?

Wer sicher, professionell und intelligent in einem verlassenen Gebäude vorrücken möchte, sollte viel Aufwand betreiben.

Dies kann Ihnen möglicherweise den Arsch retten sowie Ihren möglicherweise einwandfreien Leumund.

Sie könnten auch wie eine Gruppe Schüler einfach durch das Gebäude spazieren in dem vertrauen, dass schon nichts passieren wird. Empfehlenswert ist dies jedoch nicht.

Das taktische Vorrücken erfordert Zeit und Arbeit, jedoch ist dies Selbst auch mit Spannung und Freude verbunden. Es kommt aber immer auf den eigenen Typ an ob einem dies zusagt oder nicht.

Wir persönlich empfehlen dringend ein intelligentes Vorrücken.

Wenn Sie nun bereit sind, in das Gebäude zugehen, wählen Sie einen aus der Gruppe, aus der die Vorhut übernimmt.

Diese Person sollte gut sehen und hören können und allgemein nicht schreckhaft sein.

Vereinbaren Sie im Vorfeld mit der Gruppe simple Handzeichen, wenn Sie dieses Hobby langfristig betreiben wollen, eignen Sie sich alle 10 simple Handzeichen an aus dem Militär Bereich die wir Ihnen nun erklären. Der Vorteil ist ganz einfach, dass man durch nutzen, von Handzeichen Gespräche vermeiden kann, damit fällt man möglichen fremden Personen nicht auf und man hat klarere Tonaufnahmen.

Die Handzeichen:

Name	Handbewegung	Beschreibung
Deckung	Die Hand wird über den Kopf positioniert, die Handfläche zeigt dabei nach unten.	Signalisiert die Begleiter sich so zu positionieren dass sie nicht gesehen werden können.
Unklare Lage	Die linke Hand wird vor die Augen positioniert, die rechte wird vor den Bauch positioniert mit der Handfläche entgegen den Begleitern. Die rechte Hand bewegt sich dann abwechselnd nach Links und Rechts.	Signalisiert dass die Vorhut unsicher ist ob der Sektor sicher oder unsicher ist.

Hören	Die Hand wird Muschelförmig neben das Ohr gelegt.	Signalisiert dass ruhe bewahrt werden soll und man der Arkustik besondere Beachtung schenken soll.
Sehen	Die Hand wird parallel in der nähe der Augenbrauen angesetzt. Die Finger dabei geschloßen.	Signalisiert dass man optisch sehr wachsam sein soll.
Sammeln	Die Hand wird über Schulterhöhe angesetzt und mit dem Zeigefinger werden Kreise gezeichnet	Signalisiert dass man sich an der betreffenden Person sammeln soll.
Stop	Die Hand hinter den Rücken gerichtet mit offener Handfläche.	Signalisiert dass man unverzuglich stehen bleiben soll.
Vorrücken	Die Hand über Schulterhöhe, Handfläche zum Kopfgerichtet. Wiederholende Vorwärtsbewegung.	Signalisiert dass die Begleitung vorrücken soll.
Stille	Der Zeigefinger wird vor dem Mund gehalten	Signalisiert dass absolute ruhe herrschen soll.

Verdächtige Person	Die Hand wird zu einer Faust geformt, die Faust führt man so oft zum Kopf wie man verdächtige Personen sieht. Bei 2 Personen beispielsweise 2 mal.	Signalisiert dass verdächtige Personen in Sichtweite sind und die Anzahl.
Rückzug	Die Hand wird am Rücken positioniert, mit dem Zeigefinger deutet die Person den weg nach hinten an.	Signalisiert dass die Begleiter sich zurückziehen sollen.

Schütteln Sie jetzt mit dem Kopf und fragen Sie sich, was das nun soll?

Nun, es gibt Menschen, die professionell vorgehen und Menschen denen es zu viel Arbeit ist. Sicherlich kann man diese Herangehensweise als übertrieben betrachten. Doch welche Vorteile haben wir dadurch?

Wir haben z.b den Vorteil das wir Aufnahmen machen können die frei von störischen Gesprächen sind, Sie können dadurch sich selbst und den Leuten denen Sie die Aufnahmen zeigen authentisches Material zeigen. Ihnen entgehen keine Tonfragmente die sie sonst nicht erkennen könnten, wenn Sie sämtliche Absprachen via sprachliche Kommunikationen durchführen würden.

Wenn Sie im Gebäude auf fremde Personen stoßen denen Sie noch nicht aufgefallen sind haben Sie ebenfalls einen Vorteil. Sie können so versuchen unbemerkt zu flüchten oder sich strategisch zu positionieren.

Wenn eine Security beispielsweise in Sichtweite ist und man per Handzeichen signalisiert dass man sich zurückziehen soll kann dies geräuschlos erfolgen, sodass man der Security nicht auffällt.

Wenn man dies verbal macht könnte die Security dies hören und die Verfolgung aufnehmen.

Schütteln Sie nun immernoch mit den Kopf? Nun dann entschuldigen wir uns bei Ihnen, dann ist dieses Buch wohl nicht das richtige für Sie.

Für alle anderen geht es weiter im Text:

Die Vorhut betritt logischerweise als Erstes das Gebäude, er sollte dabei die Tür oder das Fenster oder das Loch, das als Eintrittspunkt gewählt wurde, halbwegs überqueren und dann ehe er das Gebäude komplett betritt eine Sichtobservation vornehmen. Anfänglich wenn möglich ohne Taschenlampe, da Sie sich selber nicht bewegen, besteht kein Verletzungsrisiko.

Befinden sich Personen in unmittelbare nähe? Scheint aus irgendwelchen angrenzenden Räumen licht heraus? Wenn ja bricht sich das Licht?

Sind Kamera, Bewegungsmelder oder andere technische Einrichtungen verbaut? Diese lassen sich Unteranderem meistens durch rotes Licht erkennen (manchmal auch Grün). Ist etwas zu hören?

In welchen Zustand befindet sich das Innere? Gibt es Gefahrenquellen die auf einem lauern, wenn man dieses Gebäude betritt?

All das sind wichtige Fragen, die beantwortet werden sollten von der Vorhut. Ebenfalls wäre es interessant zu erfahren, ob dort reger Betrieb herrscht, der Boden gibt oft Aufschluss darüber wie frequentiert diese Örtlichkeit ist.

Befinden sich am Eintrittspunkt Fußspuren? Wenn ja prüfen Sie ob diese von Ihnen (Der Vorhut) stammen oder es fremde Spuren sind.

Prüfen Sie, ob die Bereiche neben der Tür vermüllter / dreckiger sind als die am Türbereich.

Sofern die Vorhut sich einigermaßen sicher ist, dass keine fremden Personen in unmittelbarer nähe sind kann er eine Taschenlampe verwenden um sämtliche Punkte noch einmal abzuchecken. Anschließend kann er mit seinem restlichen Körper in das Innere des Gebäude gehen.

Dies sollte allerdings erst einige Sekunden nach Einsatz der Taschenlampe gemacht werden, wenn Sie ein Raum sehen aus dem Licht strahlt spielen Sie vor besagten Raum mit der Taschenlampe etwas herum und achten Sie dabei genau auf das Licht, ob es sich bricht.

Falls etwas das Licht bricht, kann davon ausgegangen werden dass sich eine Person in dem Raum befindet, die auf das Taschenlampenlicht aufmerksam wurde.

In diesem Fall gibt es 2 Möglichkeiten: Entweder man wartet ab und sieht, ob die vermeintliche Person aus dem Raum herausguckt / kommt oder man zieht sich sicherheitshalber komplett zurück, falls die Person die Polizei gerufen hat.

Sollte die Luft allerdings rein sein gilt:
Die Begleiter sollten zügig nachkommen, die Vorhut darf auf keinem Fall erst einmal längere Zeit alleine im Gebäude sein, da relativ frühzeitig auch schon

gefährliche Situationen eintreten könnten.

Wenn sich alle Personen im Inneren gesammelt haben nutzen Sie die Zeit um sich optisch einen Überblick des Raumes / Flurs zu verschaffen, indem sie sich derzeit befinden.

Achten Sie allerdings darauf, dass weder Sie noch Ihre Begleiter vor eine offene Tür laufen. Sie wissen nicht, was sich in diesen Räumen befindet.

Wenn Sie in einem Raum sind, mit mehreren geschlossenen und mehreren offenen Türen positioniert sich die Vorhut am Türrahmen einer offenen Tür, eine Person der Begleiter sollte dabei auserwählt werden die Nachhut zu bilden und geschlossene Türen im Auge zu behalten, damit von dort keine Aktivitäten ausgehen.

Die Vorhut hat an der offenen Tür nun zwei Möglichkeiten, nach der arkustischen Observation sollte er nun eine optische Observation durchführen. Die aufwendigere Möglichkeit wäre einen kleinen Handspiegel zu nutzen, mit der einen Hand leuchtet er möglichst aus der Hockposition in das Zimmer innere herein, mit der anderen Hand hält er den Spiegel, sodass er in das Innere des Zimmers blicken kann. Sofern das betreffende Zimmer nicht selbst beleuchtet ist, bekommt eine mögliche Person die in dem Zimmer anwesend ist zwar mit dass eine Taschenlampe hinein leuchtet, dass man in das innere mit den Spiegel sieht allerdings vermutlich nicht, da die Taschenlampe meistens am Lichtkegel zu sehr blendet.

Zwar weiß eine mögliche anwesende fremde Person dass da jemand in anmarsch ist, dies würden Sie aber sowieso bemerken da man ohnehin bei jeder Methode mit Taschenlampe in ein dunkles Zimmer gehen müsste.

Die zweite unaufwendigere Methode wäre sich dicht am Türrahmen zu positionieren (die Hockposition ist auch hier wieder zu empfehlen) und dann mit dem halben Gesicht seitlich am Türrahmen die Lage zu checken.

Sollte das Zimmer unbeleuchtet sein, müssen Sie natürlich mit einer Hand per Taschenlampe in das innere Leuchten.

Egal, für welche Methode Sie sich entscheiden: Wenn niemand zu sehen ist können Sie in den betreffenden Raum vorrücken. Dabei sollte die Vorhut wieder den ersten Schritt machen, der nächste Schritt ist sehr wichtig für Ihre Gesundheit: Stellen Sie zunächst sicher, dass sich neben den Türrahmen im Inneren des Raumes niemand befindet, dies bewerkstelligen sie wieder per Spiegel oder per direkten Augenkontakt.

Denn auch dort könnte sich jemand verstecken, falls er auf Sie im Vorfeld aufmerksam wurde.

Falls dort niemand zu sehen ist, bewegen Sie sich vorsichtig rein. Bleiben Sie an der Tür stehen, gehen Sie anschließend in die Hocke und ziehen Sie die Tür zur Seite um zu sehen, ob sich jemand hinter der Tür versteckt hält.

Gehen Sie keinesfalls direkt in das Innere des Raum mit den Augen entgegengesetzt zur Tür, es könnte jemand hinter der Tür stehen und Sie hinterrücks angreifen.

Die Hockposition beim Türcheck ist deshalb zu empfehlen da eine möglich versteckte Person nicht mit dieser Position rechnet, der ggf. schon in Schlagposition aufrecht wartet.

Sobald sicher ist, dass niemand sich hinter der Tür versteckt, dreht sich die Vorhut um, die Begleiter

sollten sich dann im Inneren des Raums an der Tür positionieren, die Nachhut bleibt am Türrahmen stehen und behält die restlichen Türen auf dem Flur im Auge um mögliche Aktivitäten zu erkennen.
Die Vorhut bewegt sich dann weiter im inneren des Raum vor sofern es ecken / Gegenstände gibt, hinter denen sich Menschen verbergen könnten.
Diese checkt er gewissenhaft ab. Dabei ist wichtig: Es sollte darauf vermieden werden die Taschenlampe Richtung Fenster zu richten da Sie von außen sonst schneller entdeckt werden könnten.

Nun gibt es wieder zwei Möglichkeiten um fortzufahren:
Die Gruppe oder einzelne Personen könnten in den Raum verweilen, um Untersuchungen nachzugehen oder detaillierte Aufnahmen zu machen.
Der Nachteil wäre, dass man nicht weiß, was und wer sich in den anderen Räumen befindet die auf einem aufmerksam werden können, wenn man beginnt, Untersuchungen zu tätigen.

Die zweite Möglichkeit wäre erst einmal die anderen Räume zu kontrollieren und zu besichtigen um auszuschließen, dass sich dort andere Personen aufhalten.
Vorteil wäre, dass man die nachgehenden Untersuchungen dann mit etwas mehr ruhe und Gelassenheit durchführen kann und man nur wenig Kräfte bereitstellen müsste, um die Situation abzusichern.
Wie sie verfahren müssen Sie im Endeffekt selber entscheiden.
Wenn Sie auf Räume stoßen dessen Tür geschlossen ist, müssen sie etwas aufwendiger an die Sache

herantreten.

Tasten Sie sich langsam an die Tür heran, stellen Sie sich dicht an die geschlossene Tür und prüfen Sie ob sie Arkustisch irgendetwas wahrnehmen.

Falls dies nicht der Fall ist, öffnen Sie langsam die Tür, gehen Sie dabei vor wie im Vorfeld beschrieben damit die Tür möglichst keine oder wenig Geräusche macht.

Öffnen Sie die Tür zunächst wieder nur einen kleinen Spalt weit und wiederholen Sie dann erneut die Arkustische Observation.

Wenn nichts zu hören ist, gehen Sie in die Hocke, nun legen Sie Ihre Handfläche auf die Tür und schieben sie diese mit etwas Kraft auf, sodass sie möglichst 90 – 100 Grad weit aufgeht und bestenfalls kein Knall von sich gibt. Wiederholen Sie nun wieder die optische Observation mittels Spiegel oder einfachen Blickkontakt.

Vermeiden Sie es direkt in das Innere des Raumes zu gehen. Natürlich weiß eine eventuell im Raum befindliche Person, dass jemand kommt, wenn die Tür so weit geöffnet wird. Darum geht es aber nicht, es geht darum sich selber zu schützen. Wenn Sie einfach in das Zimmer gehen laufen Sie der Person ggf. ins offene Messer und es kommt gleich zu einer Konfrontation in einem Überraschungsmoment

Wenn sie optisch erst mal die Lage auskundschaften haben sie einen Vorteil, wenn sie darauf eine Person sehen und können so anders reagieren.

Die Tür 90 – 100 Grad zu öffnen hat folgenden Grund: Befindet sich eine Person in der Ecke zum Türradius, sichert man sich dadurch von dieser ab, man kann dann erst einmal in ruhe vorrücken, um das Zimmer optisch von der Tür aus abzuchecken. Durch die Tür ist man geschützt. Anschließend kann man in ruhe hinter der Tür gucken, wie im Vorfeld beschrieben.

All diese Vorkehrungen schützen Ihre Gesundheit! Es kann Ihnen niemand auf den Hinterkopf schlagen, es kann Ihnen niemand plötzlich vor die Füße springen und Sie angreifen.
Sie wissen durch diese Vorkehrungen nämlich bescheid ob sich jemand im Raum befindet oder nicht, klar ist dies aufwendig, aber was ist Zeit gegenüber der Gesundheit?
Dieses Verfahren sollten Sie in jedem Raum anwenden, mit der Zeit haben Sie diesen Ablauf im Blut und das ganze geht Ihnen kinderleicht von der Hand.

Ab und zu empfiehlt es sich, dass man aus dem Fenster guckt um die Lage dort zu observieren.
Man sollte dabei im Auge behalten ob Passanten vor dem Gebäude stehen oder Fahrzeuge, ob Nachbarn am Fenster stehen und zum Gebäude blicken. Oder ob sonst etwas Ungewöhnliches zu erkennen ist.

Dabei sollte man nicht wie zu Hause einfach an das Fenster herantreten. Auch hier gibt es wieder 2 Methoden.
Die einfache Methode sieht vor dass sie sich neben den Fenster positionieren und mit dem halben Gesicht hervorsehen, um die Lage zu betrachten.
Die aufwendigere Methode sieht es vor, dass sie Ihr Handy hierzu benutzen könnten, sofern dies einen integrierten Nachtmodus ohne Blitzfunktion beinhaltet. Positionieren Sie sich unter dem Fenster, sodass man Sie nicht sehen kann.
Führen Sie das Handy dann so weit hoch, dass nur

das Handy am Fenster sichtbar ist (welches mögliche Passanten / Nachbarn aufgrund der Entfernung und Farbe nicht erkennen). Schießen Sie dann ein hochauflösendes Foto. Anschließend nehmen Sie das Handy wieder herunter und betrachten das Bild nach auffälligen Begebenheiten. Sie müssen bei der Geisterjagd nicht nur die Geschehnisse im inneren des Gebäude im Auge behalten, sondern auch die außerhalb des Gebäude.

Während Sie sich im Gebäude bewegen, halten Sie immer die Ohren auf, achten Sie darauf, dass niemand in die Bereiche hereingeht, in denen Sie schon geprüft haben.
Wenn Sie alle Räume abgesucht haben und festgestellt haben dass die Örtlichkeit so weit sicher ist können Sie (sofern Sie Ihre Untersuchungen nicht schon durchgeführt haben) mit jenen beginnen.
Da Sie nun die Kenntnis erlangt haben, dass keine weiteren Personen anwesend sind, brauchen Sie nicht mehr viel Sicherungsaufwand zu betreiben.
Sofern Sie Trittfallen eingesetzt haben (die wir Ihnen im Vorfeld erläutert haben) empfiehlt es sich diese kurz zu kontrollieren um auszuschließen, dass unbemerkt fremde Personen nach Ihnen das Gebäude betreten haben.
Sie sollten diese Trittfallen unbedingt verwenden, da sie sehr effektiv sind und Ihr Sicherheitsgefühl erheblich steigern. Sind die Trittfallen alle intakt und die Nachhut hat auch keine Aktivitäten festgestellt so konzentrieren Sie sich auf Ihre Untersuchungen und atmen sie durch.
Die größte Gefahr dass sich gefährliche Obdachlose / Flüchtlinge im inneren des Gebäude befinden haben Sie nun ja ausschließen können.

Die eventuellen Gefahren wie Polizei / Security oder nachkommende fremde Personen können Sie dadurch entgegenwirken, dass die Nachhut die Augen aufhält am Türrahmen und die Lage überwacht.

Bei größeren Gebäuden wie Krankenhäuser, Bürogebäude und co. Empfiehlt es sich sektionsweise bei wichtigen Zugangspunkte besagte Trittfallen zu errichten, diese sollten dann immer mal wieder begutachtet werden. Der Vorteil ist dadurch, dass man nicht immer weite Strecken zurücklegen muss, um alle Räume noch einmal ausspähen zu müssen. Wenn die wichtige Zugangspunkte abgedeckt sind durch diese Sicherungsmaßnahme dürften die Sektionen nachwievor sicher sein.

Kommen wir nun zu Gefahren, die durch schlechter Bausubstanz ausgehen oder durch gefährliche Gegenstände:

Wenn das Gebäude einen heruntergekommenen Eindruck macht und sehr desolat wirkt, bewegen Sie sich langsam fort und prüfen Sie mit den Füßen, wie die Boden Beschaffenheit ist, hat der Boden viele Risse? Gibt er nach, wenn Sie den Boden mit den Füßen kräftig berühren? Macht der Boden Geräusche, wenn Sie diesen berühren? Wenn Sie sich unsicher sind, ob der Boden hält, er aber nur geringe Anzeichen dafür vermittelt entscheiden Sie selbst ob sie es riskieren wollen. Sofern Sie behutsam vorgehen dürfte das Risiko überschaubar sein.

Tasten Sie sich langsam vor und konzentrieren Sie sich darauf, wie der Boden reagiert. Wenn sich die Geräusche erheblich steigern und Sie bemerken, dass der Boden mehr als zuvor nachgibt und die Anzeichen macht, dass er weiter nachgibt: Schaffen Sie Ihren Hintern zurück und suchen Sie sich einen anderen weg.

Sofern die Geräusche in Rahmen bleiben und der Boden nicht spürbar nachgibt können Sie passieren, Ihre Begleiter sollten anschließend nach und nach folgen, niemals geschlossen als Gruppe. Die Personen, die bereits die Stelle überquert haben, sollten sich von besagter Stelle ausreichend weit weg entfernen.

Wenn Sie auf dem Rückweg diese Stelle wieder überqueren müssen, gehen Sie genauso vorsichtig vor, prüfen Sie erneut mit den Füßen, wie der Boden reagiert. Ein sicheres Durchkommen zuvor ist keine Garantie dafür, dass es wieder so klappen wird.

Ebenso wichtig ist es darauf zuachten, wie stabil die Wände sind, vermeiden Sie es sich mit Ihren Körpergewicht gegen Wände zu lehnen. Die Gebäude sind teilweise so marode dass sie ernsthaft Gefahr laufen eine Wand umzuwerfen oder Teile davon.

Viele dieser verlassenen Gebäude sind nur deshalb betretbar, weil die Eigentümer zu geizig oder achtlos sind, die Gebäude sichern zu lassen (was mit erheblichen Kosten verbunden wäre).

Eine weitere Gefahrenquelle sind Gegenstände oder Müll die in verlassene Gebäude liegen. In diesen Gebäuden finden sich auch teilweise drogensüchtige Menschen ein die sich Ihre Drogenspritze setzen und diese dann offen zurücklassen. Achten Sie also stets auf den Boden, wenn Sie sich fortbewegen, wenn Sie offene Spritzen, eine große Ansammlung Glassplitter, rostige Nägel oder andere

Gefahrenquellen entdecken wie offene Kabel machen Sie lieber einen großen Bogen um diese Stellen.

Wenn die beim Vorrücken auf fremde Personen stoßen, vermeiden Sie möglichst Sicht und Verbalkontakt.
Bei Obdachlose könnten Sie eine Ausnahme machen wenn Sie bereit sind ein Risiko einzugehen, sie könnten diese ansprechen und Ihnen erzählen was sie vorhaben und klarstellen dass Sie der Person nichts böses wollen.
Der Obdachlose könnte entweder mit Ihrer anwesendheit einverstanden sein, aggressiv reagieren oder abhauen.
Sämtliche Möglichkeiten sollten Sie im Auge behalten, ebenso die daraus möglichen resultierenden Konsequenzen.
Versuchen Sie immer lautlos aus der Situation zu flüchten, wenn Sie auf eine fremde Person stoßen, der Sie nicht aufgefallen sind. Wählen Sie dafür entweder den Weg zurück von dem aus sie gekommen sind oder wenn Sie sich im Erdgeschoss befinden gehen Sie in das nächste sichere Zimmer, öffnen Sie ein Fenster und klettern Sie aus diesem heraus.
Die Nachhut sollte, bis alle anderen heraus sind, am Türrahmen darauf achten, ob die fremde Person sich dem Zimmer nähert. Die Flucht sollte immer im ruhigen Rahmen stattfinden, sodass man nicht auffällt. So mindert man das Verletzungsrisiko ungemein.

Ein kleiner Tipp zum Schluss dieses Abschnitts:
Gegen aggressive Obdachlose und andere Besucher

könnten Sie es in Erwägung ziehen legale Selbstverteidigungsmittel mitzunehmen.

<u>Was kann ich riskieren:</u>

Was und wie viel Sie Riskieren bleibt, letztendlich Ihnen überlassen, da können wir Ihnen keine Ratschläge erteilen.
Es gibt sowohl gesundheitliche als auch rechtliche Risiken.

Sie sollten keinesfalls eine Anzeige wegen Sachbeschädigung riskieren, verzichten Sie unbedingt darauf Türen aufzubrechen oder Fenster einzuschlagen um in das Innere der Gebäude zu gelangen, wenn alles verschlossen ist.
Das ist die Sache nicht mehr und es gilt in der Szene auch als absolutes Tabu.
Anders kann man es sehen, wenn Scheiben bereits eingeschlagen sind und man nur Gefahr läuft einige weitere Splitter zu erzeugen beim Eintritt in das Gebäude.
Ein kaputtes Fenster sehen viele Menschen als kaputtes Fenster, ob da nun ein weiteres Stück fehlt oder nicht das ist für viele unerheblich. Wenn Sie ein kaputtes Fenster als einzige Möglichkeit sehen in das Gebäude zu gelangen müssen Sie entscheiden ob Sie es riskieren wollen oder nicht.

An manchen Gebäuden werden eingeschlagene Fenster entfernt und durch leichte Spanplatten ersetzt. Wenn Sie eine Möglichkeit haben diese unbeschädigt zu entfernen um diese nach Ihren Besuch wieder anzubringen könnten Sie diese nutzen, wobei dies auch rechtlich nicht einwandfrei

sein könnte.
Sehen Sie dies also bitte nicht als Ratschlag an, dies ist absolut fiktiv geschrieben.

Sie sollten sich aber darüber in klaren sein dass man ggf. neue Schäden mit denen Sie absolut nichts zutun haben auf Sie zurückführen könnte, wenn Sie im Gebäude inflagranti erwischt werden.
Die Polizei könnte den Eindruck gewinnen, dass sie vielleicht für das neue eingeschlagene Fenster sein könnten, natürlich muss dies erst einmal bewiesen werden aber im schlimmsten Fall könnte dies negativ für Sie ausgehen.
Dieses Risiko sollte man sich vor Augen führen.

Risiken bergen auch Fluchtaktionen vor gefährlichen Personen, Sicherheitsdiensten oder vor der Polizei, meistens ist es in verlassene Gebäude sehr dunkel.
Sie können sich sicher ausmalen, dass es mitunter sehr schwierig sein kann durch dunkle Gänge zu rennen mit eingeschränkten Sichtverhältnissen.
Wenn Sie durch ein eingeschlagenes Fenster geklettert sind um in das Gebäude zu gelangen müssen Sie dort ggf. wieder heraus, bei einer hastigen Flucht könnten Sie sich im Eifer des Gefechtes ggf. schwer an den Glassplittern schneiden.
Ebenfalls könnten Sie sich schwerwiegend verletzten wenn Sie den baulichen Zustand des Gebäude nicht korrekt einschätzen und durch den Boden brechen. Sie lächeln nun vielleicht da so ein Vorfall Ihnen etwas unrealistisch erscheint.
Seien Sie versichert: Es gab solche Vorfälle.
Finden Sie heraus ob es Ihnen das ganze wert ist, ob Sie diese vielen Risiken eingehen wollen. Setzen Sie

sich Grenzen, machen Sie sich vorher Gedanken darüber. In adrenalingeladenen Situationen können Sie dies nicht objektiv.

<u>Worauf muss ich aufpassen?</u>

Sollten Sie technisches Equipment zurücklassen um effektiv von vielen strategischen Punkten aus aufzunehmen machen Sie sich am besten Notizen, wo sie welche Gegenstände zurücklassen.
In so einem Gebäude verliert man oft den Überblick, schreiben Sie nicht einfach auf, wo Sie was zurücklassen, sondern auch an welchen Stellen in den betreffenden Raum.
Falls Sie schnell flüchten müssen, haben Sie so eine genaue Übersicht ohne in jedem Raum überlegen zu müssen, wo sie das verflixte Ding nun letztendlich positioniert haben.
Die technischen Geräte, die Sie in Räume zurücklassen, sollten nicht zu wertvoll sein, es kann immer mal passieren dass diese entweder beschädigt werden dadurch, dass sie ggf. herabstürzen oder dass sie sogar geklaut werden.
Ggf. haben Sie nicht die Möglichkeit die Geräte am gleichen Abend wieder einzusammeln da Polizei, Sicherheitsdienst oder sonstige Gründe dies nicht zulassen.
Während Sie nicht an diese Geräte herankommen, könnte viel passieren, dies sollte man auch in unwahrscheinlichen Fällen immer einkalkulieren.

Setzen Sie für Aufnahmen, die gemacht werden, während Sie nicht im Raum sind eher auf gutes aber nicht zu hochwertiges Equipment und nutzen Sie die teueren Sachen eher dort, wo Sie auch selber sind.

Falls Ihnen Sachen geklaut werden, ist es immer schwer zu seinem Recht zukommen. Sollten Sie zur Polizei gehen um Anzeige zu erstatten wird man sich sicherlich fragen, was Sie dort unberechtigt zu suchen hatten und man kommt strafrechtlich auf Sie zurück nach Aufnahme der Anzeige.

Behalten Sie Ihre körperliche Verfassung während des Einsatz im Auge, in diesen Situationen sind Sie desöfteren Adrenalin geladen. Möglicherweise empfinden Sie Angst und sind sehr aufgeregt, der menschliche Körper reagiert darauf sehr verschieden.
Manche Leute klagen dann über Schwindel, Kopfschmerzen, Übelkeit oder Kreislaufproblemen. Wenn Sie feststellen dass Sie in dieser Hinsicht Probleme bekommen versuchen Sie bitte das Gebäude auf schnellsten Weg zu verlassen, falls der Zustand sich enorm verschlimmert wäre es kontraproduktiv, wenn man Sie im Notfall nicht sofort erreichen könnte.
Wenn Sie merken, dass einer Ihrer Begleiter gesundheitliche Probleme hat, zögern Sie nicht und kümmern Sie sich umgehend um diese Person. Egal wie spannend die Untersuchung derzeit auch sein mag, machen Sie nicht den Fehler die gesundheitliche Probleme der Begleiter oder Ihre eigenen auszublenden.
Die Gesundheit sollte über allen stehen, das Gebäude läuft nicht weg. Sollte man vorzeitig abbrechen müssen sehen Sie dies nicht zu kritisch, sondern sehen Sie dies als Chance noch einmal wiederzukommen.
Passen Sie bitte auch darauf auf die Gebäude und Gelände nicht unnötig zu verschmutzen, wenn Sie

während Ihres Aufenthalt Essen, Trinken oder Rauchen nehmen Sie den Müll wieder mit. Egal wie verschmutzt das Gebäude auch sein mag, irgendwann war er es noch nicht. Dies kam erst nach der Zeit und es steigert sich immer weiter, wenn alle Besucher denken >> Ist eh schon Müll hier .. Bissl mehr schadet nicht <<. Stellen Sie sich vor wie diese Gebäude aussehen würden wären nicht soviele gleichgültige Menschen unterwegs die ihren Müll einfach zurücklassen.

Sie wären um einiges schöner und spannender.

Seien Sie deswegen ein gutes Vorbild und nehmen Sie jeglichen Müll den Sie verursacht haben wieder mit nach Hause. Genauso verhält es sich mit den Trittfallen, die Sie ggf. aufstellen, achten Sie bitte auch bei denen darauf diese zu entfernen, wenn Sie die Örtlichkeit verlassen. Dies hat auch den Vorteil, dass andere Menschen nicht auf diese Vorrichtung aufmerksam werden.

Mögliche Phänomene und deren Erklärung:

In diesen Abschnitt gehen wir mal wieder etwas mehr auf die Geisterjagd ein bzw. auf mögliche paranormale Phänomene, nachdem wir uns nun eine Zeit lang nur mit dem drum herum beschäftigt haben.Wir stellen hier nun ein paar Phänomene vor die Ihnen auf der Geisterjagd begegnen könnten, gleichzeitig geben wir aber auch teilweise rationale Erklärungsversuche für diese Phänomene. Dies sind allerdings nur einige Beispiele von vielen Spukphänomenen
Fangen wir an:

Orbs

Orbs sind kleine Kreisförmige, manchmal leuchtende Kugeln, die meistens auf Fotos zu sehen sind. Bzgl. Orbs gibt es geteilte Meinungen, einige Menschen denken, dass so unsere Seelen aussehen, wenn sie unseren Körper verlassen. Manche Seelen wandern ins Jenseits, andere wiederum verbleiben auf der Welt, weil sie nicht ins Jenseits finden.
Orbs werden relativ häufig auf Fotos und Videoaufnahmen gesichtet, die in verlassene Gebäude gemacht werden. Rational sind Orbs dadurch erklärbar, dass aufgewirbelter Staub ähnliche Effekte auf Fotos auslösen können, da verlassene Gebäude sehr dreckig sind und nicht gepflegt werden ist es gar nicht so abwegig dass es sich schlicht und einfach um Staubpartikel handelt, die durch das Blitzlicht reflektiert werden.
Trotz dieser Erklärung und unter Einbeziehung dieser Theorie wollen einige Menschen die Fähigkeit besitzen dennoch zu unterscheiden ob es Orbs oder Staubpartikel sind. Als wichtigen Indikator nehmen Sie hierzu den Umstand ob die Orbs eine individuelle Flugbahn haben und diese verändern oder nicht.

Glaubt man kursierende Gerüchte, können Orbs allerdings auch mit bloßen Auge gesehen werden, so berichtet man dass einige Personen aus den Schlaf erwacht sind und im dunklen Zimmer leuchtende kreisförmige Objekte fliegen sahen.
Wissenschaftlich kann dieses Phänomen nicht zweifelsfrei bewiesen werden.
Teilweise werden diese Vorfälle medizinisch mit Augenreaktionen erklärt die auftreten zwischen

Halbschlaf und Wachzustand.

Ob man Orbs nun als paranormales Ereignis sieht oder nicht, ist nicht zuletzt eine persönliche Einschätzungsfrage.

Zufliegende Türen

Ebenso häufig wie Orbs erlebt man zufliegende Türen in verlassene Gebäude. Die Türen knallen plötzlich zu, wenn man dann zu dieser Tür geht, sieht man niemanden der diese Aktion getätigt haben könnte.

Oftmals kann man diesen Vorfall nicht rational erklären, verantwortlich sein könnte ein Luftzug oder verzogene Baukomponente die eine solche Reaktion hervorgerufen haben.

Möglicherweise hat ein Tier (z.b eine Ratte) diese Tür betätigt, sodass diese letztendlich zugefallen ist. Aber was ist, wenn sich bei genauer Untersuchung herausstellt, dass ein Luftzug nicht verantwortlich sein kann? Und dass die Tür nicht wiederholt zufliegt, wenn man sie öffnet und einige Minuten abwartet?

Kann dies ein paranormales Ereignis gewesen sein? Ja .. Kann man es beweisen? Schwer. Man kann dies zwar auf Video festhalten aber kann man beweisen, dass es kein Luftzug gab oder es keine rationale Erklärung wie ein schiefer Boden verantwortlich ist? Schwer.

Schatten

Schatten sind Spukphänomene? In der Tat werden Schatten als solches gesehen. Diese gibt es in unterschiedliche Formen heißt es.
So gibt es sie in 2 dimensionalerweise an Wänden, Boden und co. Oder in 3 dimensionaler Ausführung, die wie transparente Menschen wirken. Sie kommen relativ häufig in vermeintlichen Geisterhäuser vor, sie erscheinen meistens so schnell, wie sie gekommen sind. Eine Interaktion mit diesen Schatten ist meistens nicht möglich. Genauso schwer ist es eine Person anhand dieses Schattengebilde zu erkennen, oft sind es nur menschliche umrisse oder teile davon die darauf Schließen lassen, dass es sich eventuell um einen Menschlichen Geist handeln könnte.

Schatten Phänomene lassen sich oftmals gut auf Video bannen, im Internet kursieren unzählige Videos und Webcam aufnahmen. Sie haben gute Chancen ebenfalls ein solches Phänomen vor die Linse zu bekommen, da dieses Phänomen weit verbreitet ist.
Oftmals berichten betroffene Personen diese Schatten nur aus dem Augenwinkel zu sehen.
Rational ist das Ganze schwer zu erklären, man kann auch hier wieder Augenirritationen als mögliche Ursachen aufführen.

Plötzliche Kälte

Ein weitverbreitetes Phänomen ist eine plötzlich auftretende plötzliche Kälte, sie taucht völlig unerwartet auf ohne dass es logische Erklärungen für einen Luftzug gib.
Meistens gehen plötzliche Kältequellen mit anderen paranormalen Phänomenen einher, so steigen auch die Elektrizitätswerte im Raum desöfteren wenn eine solche Kältequelle bemerkt wird.

Mit einigen Temperaturmessgeräte sind solche Kältequellen auch lokalisierbar und können verfolgt werden bei ihren Bewegungen. Genauso wie Schattenphänomene neigt dieses Phänomen auch dazu schnell zu erscheinen und wieder zu verschwinden.
Man kann es auch ohne technische Geräte lokalisieren, indem man im Raum die Hände ausstreckt und nach dieser Quelle sucht, wenn man diese gefunden hat und seine Hand herumbewegt merkt man, welche Flugbahn sie hat.

Auch dieses Phänomen kann zwar rational erklärbar sein durch Luftzüge, undichte Stellen an der Hausfassade, Fenstern oder Sonstigem nur ist diese Erklärung deshalb fragwürdig, weil diese Phänomene manchmal am gleichen Ort sehr sehr selten erneut auftreten.
Dies würde im wiederspruch dazu stehen, dass ein Luftzug hierfür verantwortlich sein soll.

Geistererscheinungen

Manche Menschen sehen Geister in form einer Menschengestalt, wie sie zu Lebzeiten waren, sie unterscheiden sich meistens nur dadurch dass Sie ein wenig transparent wirken oder schweben / leicht leuchten.

Im Gegensatz zu Schattengeistern soll man diese, sofern man die Person zu Lebzeiten kannte, erkennen. Es herrschen geteilte Meinungen darüber was diese Geister können und was Sie tun. Es wird einerseits davon berichtet, dass diese Geistererscheinungen sich oft zeigen, um die Menschen zu erschrecken, andere tun es wiederum um mit einem hinterbliebene in Kontakt zutreten, damit man sich wieder an die Person erinnert. Auch zeigen sich diese Geister manchmal um ein bevorstehendes Unheil anzukündigen.

Es gibt berichte darüber dass manche verstorbenen Menschen als Geist zu den Orten zurückkehren, wo sie Gewohnt haben und dort ihre alltägliche gewohnheiten nachgehen, die Sie nachgingen als sie noch gelebt haben. Meistens werden diese Geister als harmlos eingestuft, die meisten Menschen verletzten sich nicht aufgrund dieser Geistererscheinungen, sondern nur als Resultat Ihrer hastigen Flucht.

Normale Geistererscheinungen soll man nach Theorie einiger Menschen auch auf visuellen Aufnahmen bannen können. Im Internet kursieren div. Videos, wo man angebliche Geistererscheinungen sehen kann.

Bewegende Objekte

Bei einigen Spukphänomenen tritt es auf dass sich Objekte wie Stühle, Gläser, Schränke und vieles andere aus unerklärlichen Gründen bewegt, ohne dass es eine rationale Erklärung dafür gibt.

So soll es auch Phänomene geben, dass sich ein Schaukelstuhl auf dem einst, die verstorbene Mutter liebend gerne saß schaukelt, obwohl sich niemand darauf befindet und kein Luftzug herrscht.

Zwar wird oft gesagt, dass nur Poltergeister die Möglichkeit haben, mit Objekte zu interagieren doch glauben andere wiederum auch daran dass normale Geister in der Lage sind solche Phänomene auslösen zu können.

Verärgerte Geister sind sogar in der Lage Objekte als Wurfgeschosse einzusetzen, dies ist ein häufiges Phänomen in Geisterhäuser in dem sich ein Poltergeist eingenistet hat.

Geräusche

Eines der häufigsten Spukphänomene sind unzuordbare Geräusche, dies Können simple klopf oder Kratzgeräusche sein aber auch komplexere Geräusche, die mysteriöser sind. Das Rascheln einer Zeitung, laute Schritte auf dem Dachboden oder gar die Geräusche die verursacht werden wenn eine Person die Treppe heruntergeht. All das sind mögliche paranormal erzeugte Geräusche.

In div. Spukberichte wird geschildert, dass man in der Nacht plötzlich das schreien, eines Babys vernimmt, wenn die Bewohner oder Besucher des Hauses nachsehen, woher das Schreien kommt, finden diese niemals die Quelle hierfür, es bleibt ein

Rätsel, von woher diese Geräusche kamen.

Mancher Orts berichtet man darüber, dass plötzlich eine alte Melodie oder ein altes Musikstück zu hören ist, bekannte der verstorbenen Personen entgegnen darauf häufig, dass es das Lieblingslied jener Person gewesen sei.

Oft bleibt die Ursache dieser Geräusche ein ewiges Rätsel.

Gegenstände die verschwinden und dann wieder auftauchen:

Sie haben dieses Szenario sicherlich schon selbst erlebt. Sie suchen nach einem Gegenstand in der gesamten Wohnung, erst einmal dann nochein zweites Mal. Der Gegenstand taucht nicht auf. Sie suchen nach einem Gegenstand in der gesamten Wohnung, erst einmal dann nochein zweites Mal. Oft verbuchen die Menschen dies als menschliches Versagen und denken sich nicht Ihren Teil. Doch es gibt auch den Mythos, dass böse Geister für solche Situationen verantwortlich sind, glaubt man einigen Theorien dass wir ständig und überall von Geister umgeben sind ist dies gar nicht so abwegig.

Man sagt diesen bösen Geistern nach, dass sie die Gegenstände nehmen und verschwinden lassen und es sehr lustig finden zu beobachten, wie die Besitzer der Gegenstände eifrig suchen. Nachdem Sie sich das Spektakel einige Zeit lang angesehen haben und sich genug amüsiert haben, beenden Sie den Spuk damit, dass sie den Gegenstand an einer offensichtlichen Stelle wieder auftauchen lassen. Erheitert nehmen Sie dann zur Kenntnis, dass die Besitzer sich selbst für Ihre vermeintliche Blindheit tadeln. Manche Gegenstände bleiben aber aus unerklärlichen Gründe für immer verschwunden, auch dies sollten Sie eventuell bereits erlebt haben, dass ein Gegenstand völlig irrational nicht mehr auffindbar ist.

Unhöfliche Bewohner / Andere Besucher:

Wie wir Ihnen bereits geschrieben haben, sind fremde Personen in solchen Gebäuden nicht selten. Es können sich Obdachlose eingenistet haben die einfach ein kostenloses Dach über den Kopf suchen, Kids die Ihren Vandalismusdrang befriedigen wollen, verliebte Paare, andere Geisterjäger aber auch sehr gefährliche Drogenjunkies oder gar Satanisten die desöfteren dunkle Séancen in solche Örtlichkeiten abhalten und sogar Tiere opfern, indem sie diese qualvoll ermorden.

Obdachlose

Obdachlose Menschen sind vielfältig, es gibt nette und lustige Obdachlose mit denen man sich gut arrangieren kann während man seine Untersuchungen durchführen möchte. Man muss sie nur menschlich und höflich behandeln, manchmal ist es auch nützlich diesen Menschen einfach etwas Gutes zutun was nicht nur der Sache dient, sondern auch um das Leben dieser Menschen angenehmer zu machen.
So könnten Sie z.b für den Fall dass sie auf so einen Zeitgenossen treffen einfach etwas zu Essen mitnehmen sowie ein leckeres Getränk. Verzichten Sie allerdings darauf ihnen Alkohol zu schenken, dies wird einige Obdachlose zwar erfreuen aber es wäre auch schön wenn sie etwas Gesundes zur

Abwechslung bekommen würden da viele ihr Geld nur in ungesunde Sache investieren.

Seien Sie freundlich und sehen Sie diese Leute als Menschen wie jeden anderen auch, der Obdachlose wird dies merken und zu schätzen wissen. Falls Sie kein Essen dabei haben fragen Sie, ob er etwas dagegen hätte wenn Sie die kosten seiner nächsten Mahlzeit übernehmen würden und lassen Sie paar Euro springen.

Der Vorteil ist dass er Sie dann wohlmöglich ungestört filmen lässt, die Chance können Sie auch nutzen, um den Obdachlosen nach Insider Wissen bzgl. dieser Orte zu befragen oder ob ihm ungewöhnliche Dinge aufgefallen sind. Vielleicht lässt sich etwas Interessantes in Erfahrung bringen.

Natürlich gibt es allerdings auch Obdachlose, die nicht sehr froh über Ihren Besuch sind, wohlmöglich, weil sie zu betrunken sind oder einfach sehr schlechte Erfahrungen gesammelt haben. Manche von Ihnen haben psychische Probleme, sie besitzen zwar nicht viel aber das, was sie besitzen ist, ihnen heilig.

Für uns ist dies nicht so nachvollziehbar, da deren Besitztümer meistens sehr minderwertig sind, dennoch beschützen sie diese teilweise sehr stark und scheuen keine Gewalt um diese zu verteidigen. Wir selber wurden schon hinterrücks von mehreren Obdachlosen angegriffen, weil diese meinten, wir wollen Sie ausrauben. Diese Auseinandersetzungen waren sehr gefährlich, deswegen geben wir Ihnen den Rat, dass sie sich auf keine Konfrontation einlassen sollten.

Sehen Sie aus der Ferne einen Obdachlosen der nicht so scheint als gehöre er zur freundlichen Sorte versuchen Sie sich so zu bewegen, dass Sie nicht gesehen werden. Sollte man Sie entdecken und der Obdachlose reagiert sehr aggressiv versuchen Sie sich der Situation zu entziehen und stacheln Sie die Situation nicht auf durch freche oder provokante Antworten.

Diese Menschen haben teilweise nichts zu verlieren und würden sich über einen JVA Aufenthalt freuen, da Sie dort zumindest teilweise anständig verpflegt werden, sicherlich sind die meisten nicht so, ausnahmen gibt es dennoch.

Und leider müssen Sie auch bei den freundlicheren Obdachlosen aufpassen, wir haben oftmals psychisch verwirrte Obdachlose gesehen, diese waren im ersten Augenblick sehr höflich und nett und in der nächsten Sekunde sehr aggressiv. Halten Sie also trotzdem Abstand, ohne dass es wie eine Abneigung rüberkommt, es sollte auch nicht zu weit sein. Ein gewisser Sicherheitsabstand reicht.

Am optimalsten ist es immer, wenn man während seiner Untersuchungen unter sich bleibt und Kontakt mit schwer einzuschätzenden Menschen aus dem weggeht.

Mit der Zeit und mit jedem weiteren Erlebnis werden Sie irgendwann ein Gespür dafür entwickeln, wie Sie sich letztendlich verhalten sollten. Keine Sorge, das wird schon.

Kids / Jugendliche in Vandalismus Wahn:

Ein Grund dafür, dass Adressen manchmal sehr gut gehütet werden sind, jene Menschen, die diese schönen Gebäude zerstören oder beschmutzen.

Es gibt Gebäude, die sehr stark von diesen Vandalen heimgesucht wurden und Orte die fast frei von Vandalismus sind.

Die Gründe, warum man in verlassene Häuser, Kliniken, Bürogebäude oder Fabriken geht, um dort mit Farbe herumzusprühen oder sämtliches Inventar zu beschädigen bleibt für uns ein Rätsel.

Es macht einen sehr traurig, wenn man sieht, dass in vielen Gebäuden die Fenster kaputt sind, die Sanitäranlagen kurz und klein geschlagen wurden und Türen kaputt getreten werden. Dagegen vorgehen kann man leider schlecht, da die Sicherung schwer möglich ist, was für uns allerdings auch gut ist da wir sonst auch keine Möglichkeit hätten in diese Gebäude zukommen.

Sollten Sie auf Vandalen während Ihren Untersuchungen stoßen wäre es empfehlenswert den Kontakt mit diesen Personen zu meiden.

Anhand der Schäden, die angerichtet werden, sieht man, dass diese vom Gesetz nicht viel halten und auch mit entschiedener Gewalt vorgehen. Wenn man diese Menschen konfrontiert schaukelt sich dies ganz schnell in einer aggressiven Atmosphäre hoch und aus eigener Erfahrung können wir weitergeben dass schnell handfeste Auseinandersetzungen daraus resultieren.

Dies sollte man allgemein zur seiner eigenen Sicherung vermeiden. Es gibt leider nicht viele Möglichkeiten die man hat. Man könnte sicherlich die Polizei anrufen, wenn man auf solche Vandalen aufmerksam wird, damit schießt man sich allerdings sozusagen selbst ins Knie, da man die Polizeipräsenz an solchen Orten fördert und man selbst kann die Untersuchungen dort erst einmal vergessen da man sollst selbst ins Fadenkreuz der Polizei gerät. Andererseits ist Bloßes wegschauen auch nicht gut, da die Örtlichkeiten wirklich sehr unter Vandalen leiden. Guter Rat ist teuer: Sie müssen da leider selbst entscheiden, wie Sie reagieren würden.

Verliebte Paare

Es gibt auch an vermeintlichen Geisterhäuser verliebte Paare die diesen Ort aufsuchen, um Ihren Liebestrieb zu befriedigen, sowohl im sexuellen als auch im zärtlichen Sinn.
Eine Gefahr geht von diesen Menschen eher nicht aus, Sie sollten natürlich darauf achten, dass Sie nicht zum Spanner mutieren und sie beim Liebesspiel zu filmen, da sonst doch Konsequenzen drohen könnten.
Es empfiehlt sich diese Personen möglichst zu ignorieren, Sie brauchen allerdings nicht leise sein oder sich unsichtbar machen. Wenn Sie von liebeshungrigen Paaren bemerkt werden verziehen diese sich meistens aus Scharm von ganz alleine.

Vielleicht haben Sie ja auch Glück und sie werden eingeladen bei dieser Paarung Ihren Beitrag leisten zu dürfen.
>> Hust, entschuldigen Sie. <<

Andere Geisterjäger

Auf andere Geisterjäger kann man selbstverständlich auch treffen, die Chancen stehen insbesondere an Tagen wie Freitag und Samstag sehr hoch. Wenn Sie dies umgehen wollen und die Möglichkeit haben, versuchen Sie lieber an Werktagen den Ort zu besuchen.

In der Regel ist eine gemeinsame Co Existenz an vermeintlichen Spukhäusern kein größeres Problem, solang man sich nicht gegenseitig ständig ins Gehege läuft.

Ein Problem allerdings könnte sein, dass zu viele Personen anwesend sind, viele Personen bedeuten letztendlich mehr aufsehen. Andere Geisterjäger handeln auch desöfteren anders als sie und sind zu faul ihre Autos weiter wegzuparken, was oftmals die Polizei auf den Plan ruft.

Entscheiden Sie selber ob Sie ein Gebäude betreten wollen wo andere Geisterjäger derzeit Untersuchungen tätigen oder ob es vielleicht klüger ist abzuwarten, bis diese das Feld räumen.

Drogenjunkies

Die Welt ist voller Drogen, deren Opfer benötigen öfter ein ruhiges Plätzchen, wo sie sich in ruhe ihren Schuss setzen können und Ihren Rausch genießen können.

Viele Drogenjunkies neigen leider dazu sich nicht um die Entsorgung Ihrer Spritzen zu kümmern, dies ist ein Gefahrenpunkt für alle Geisterjäger denn es gibt wenig schlimmere Sachen als in der Dunkelheit auf den Boden zufallen und in eine benutzte Spritze zu fassen.

Allerdings birgen nicht nur die benutzten Spritzen eine Gefahr für Sie, sondern auch die Konsumenten selber. Diese können im Drogenrausch relativ aggressiv oder verrückt auf Sie reagieren.

Handgreifliche Auseinandersetzungen sollten unbedingt vermieden werden da sehr vielen Drogenjunkies das Urteilsvermögen zwischen Recht und Unrecht fehlt. Gerade wenn Sie Messer oder benutzte Spritzen in Reichweite haben, wird es sehr gefährlich.

Sie sollten sich solchen Gefahrensituationen entziehen, bemerken Sie einen Drogenjunkie versuchen Sie unbemerkt aus dem Sektor zu verschwinden. Wann immer Sie flüchten müssen, beachten Sie, dass sie dies mit bedacht tun. Seien Sie vorsichtig, sofern Sie nicht entdeckt wurden, gehen Sie in einem ganz normalen Tempo.

Auch bei diesem Thema ist es wieder so eine Sache: Informiert man die Polizei oder nicht? Es ist eine moralische Zwickmühle, man kann keine Polizei an jenen Orten gebrauchen, allerdings sind die Menschen die sich in diesen Gebäuden befinden teilweise sehr gefährlich.

Kaum auszudenken, wenn neugierige Kinder sich zutritt verschaffen und auf Drogenjunkies treffen oder auf deren zurückgelassenen Spritzen.

Vielleicht ist es eine Überlegung wert seine Untersuchungen so gut wie möglich an diesem Ort durchzuführen und die Polizei anschließend darüber zu informieren dass gefährliche Leute und deren Utensillien in diesen Gebäude sind.

Somit hat man zwei Fliegen mit einer Klappe geschlagen, dies macht zwar die Geisterjagd für andere schwerer, da sich die Polizeipräsenz an diesen Orten erhöht, aber die Frage ist ob man diese Bedürfnisse über die Gefahren, die von diesem Ort ausgehen stellen sollte.

Dies müssen Sie im Endeffekt aber selber entscheiden, jeder Mensch hat seine eigene Vorstellungen dbzgl.

Satanisten:

Satanisten sind sehr unangenehme Zeitgenossen, leider besuchen jene Personen auch desöfteren verlassene Gebäude um Ihre Praktiken durchzuführen.
Dabei tun sie dinge, die für uns absolut unverständlich sind und verstoßen dabei, gegen diverse Gesetze. Es kann durchaus sein dass Sie im zuge Ihrer Einsätze auf tote, misshandelte Tiere stoßen. Katzen werden von einigen Satanisten gerne im Zuge einer Opfergabe auf grausame Art und weise getötet.
Die toten Tiere lassen sie dabei natürlich zurück, dieser Anblick ist sehr schockierend und verstörend. Man muss dies aber durchaus einkalkulieren bei der Geisterjagd.
Sollte die Vorhut auf solche Szenarien stoßen, trägt er eine besondere Verantwortung. Er muss entscheiden, ob er seine Begleiter dies zumuten möchte oder nicht, es ist immer ratsam die Leute darauf vorzubereiten, indem man kurz und knapp sagt, was sich im Inneren des Raumes befindet. Jeder sollte dann selber entscheiden, ob er sich diesen Anblick antun möchte oder nicht.

Wenn Sie auf Satanisten stoßen die in den verlassenen Gebäuden ihren Aktivitäten nachgehen tun Sie sich selbst einen gefallen und vermeiden Sie jeglichen Kontakt da diese Menschen teilweise sehr gewaltbereit sind und nicht zugänglich sind für vernünftige Unterhaltungen.

Sofern kein Blickkontakt seitens dieser Gruppierung stattfand, sollten Sie vorsichtig und ruhig die Örtlichkeit verlassen.

Bei Satanisten empfiehlt es sich unserer Meinung nach immer die Polizei darüber zu verständigen, dass so ein Treiben in dem verlassenen Gebäude stattfindet, da sie eine hohe Gefahrenquelle darstellen und sofern Sie Opfergaben mit Tiere durchführen auch diese grausam ermorden und gegen Tierschutzgesetze verstoßen.

Die Kadaver die zurückbleiben könnten viel Ungeziefer anziehen, dies wäre sehr schade da die meist interessanten und schönen Gebäude dadurch noch mehr geschädigt werden.

Sicherlich machen Sie die Polizei dann auf das Gebäude aufmerksam und diese werden auch ggf. ab diesen Zeitpunkt an diesem Gebäude patroullieren oder die Kontrollen verstärken. Mit unseren Tipps und Strategien aus diesem Buch wäre dies aber kein Hindernis sicher in das Gebäude zu gelangen.

Die Polizeipräsenz hält auch meistens nur einen kleinen Zeitraum lang an, wenn bemerkt wird dass sich der Tourismus an diesem Ort stark verringert hat stellen diese meistens die Kontrollfahrten ein da der Aufwand nicht in Relation zum Nutzen steht.

Sollten Sie die Möglichkeit haben aus einem Versteck Bildmaterial anzufertigen von den illegalen Handlungen dieser Gruppierung, tun sie dies.

Dieses Material könnte vielseitig genutzt werden, achten Sie aber darauf dass Sie nicht versehentlich den Blitzaktivieren. Sie sollten auf keinen Fall auffallen.

Ein kurzer abschließender Hinweis:
Wenn Sie die Polizei über dieses Treiben
informieren müssen Sie keine Antworten auf Fragen
geben, die sie selber belasten könnten. Rufen Sie
von einer Telefonzelle aus an und geben Sie die
Information durch. So können Sie dies möglichst
anonym durchführen.

Selbstverteidigung:

Pfefferspray:

Der Pfefferspray Einsatz auf Menschen ist in
Deutschland nicht zulässig, lediglich zur Abwehr
von Tiere ist dies gestattet.
Zwar sieht es im Extremfall meist etwas anders aus
da man im Zuge der Notwehr den Einsatz
legimentieren könnte, dennoch ist der Einsatz von
Pfefferspray abzuraten.
Die Gründe sind ganz einfach: Zwar kann dieses
Mittel sehr effektiv sein doch besteht die Gefahr
dass man selber etwas von den Pfefferspray
abbekommt, wenn man es beispielsweise in einem
Bereich einsetzt indem ein starker Luftzug herrscht.
Wenn man die Pfefferspray Dose auch in eifer des
Gefechtes nicht penibel genau auf 12 Uhr richtet
kann es sein, dass man selber im Sprühbereich steht
oder die Dose dummerweise komplett auf sich selbst
richtet.
Auch muss ein Mindestabstand eingehalten werden,
der in einer Extremsituation schwer einzuschätzen
ist. Damit Sie sich nicht selbst in Fluchtprobleme
bringen verzichten Sie bitte auf den Einsatz dieses
Abwehrsprays.

Kehlkopfschlag:

Eine sehr effektive Selbstverteidigungsform ist der Kehlkopfschlag.

Doch vorsicht:

DIESER SCHLAG SOLLTE NUR IN ABSOLUTEN NOTFALL EINGESETZT WERDEN WENN IHR LEBEN IN GEFAHR IST ODER SIE MIT EINER WAFFE BEDROHT WERDEN. NIEMALS LEICHTFERTIG ODER WENN KEINE ERNSTE GEFAHR FÜR LEIB UND LEBEN BESTEHT.

Der Kehlkopfschlag kann tödlich enden, deshalb mussten wir die o.g Warnung sehr energisch anbringen.

Dieser Kehlkopfschlag ist leicht anzuwenden, positionieren Sie sich in Reichweite des Angreifers, machen Sie eine Faust und schlagen Sie kräftig mit der Faust auf den Kehlkopf des Angreifers und gehen Sie dann direkt ein paar Schritte zurück.

Der Angreifer wird im ersten Moment keine Luft bekommen und seine aggressive Haltung / Tätigkeit einstellen und sich höchstwahrscheinlich an den eigenen Hals fassen und versuchen wieder Luft zubekommen. Auch ist es nicht unüblich, dass die Angreifer dann auf die Knie fallen, da dieser Schlag wirklich sehr schmerzhaft ist und ein sehr ekelhaftes Gefühl auslöst.

Es könnte einige Zeit beanspruchen, bis der Angreifer sich wieder einigermaßen unter Kontrolle hat und aufrappeln kann.

Die Zeit nach einem erfolgreichen Kehlkopfschlag ist sehr wichtig, warten Sie nicht lange, nehmen Sie sofort die Flucht auf und kümmern Sie sich keinesfalls um den Angreifer.

Wie bereits beschrieben kann dieser Schlag für den Angreifer auch tödlich enden denn der Kehlkopf kann im Zuge dieser Gewalteinwirkung brechen und die Luftröhre verstopfen, sodass der Angreifer keine Luft mehr bekommt.

In diesem Fall wäre eine sofortige Hilfe eines Notarzt von Nöten, wenn Sie erfolgreich geflüchtet sind, zögern Sie nicht und verständigen Sie die Polizei von diesem Vorfall und geben Sie dabei unbedingt an, dass Sie sich gewehrt haben und der Angreifer ggf. sofortige ärztliche Hilfe benötigt. Halten Sie sich aber nicht im Nahbereich des Tatorts auf sodass Sie nicht entdeckt werden, falls der Angreifer nach Ihnen sucht.

Wir bitten Sie noch einmal inständig: Führen Sie diesen Schlag niemals leichtfertig aus. Probieren Sie diesen auch niemals an sich selber oder befreundeten Personen aus.

Kinnschlag:

Eine ebenfalls nutzvolle Variante, die auch nicht zu gefährlich ist, wäre der Kinnschlag.
Dieser ist ebenfalls leicht ausführbar, Sie sollten aber immer nach Möglichkeit versuchen zu flüchten, ohne eine Konfrontation einzugehen.

Falls diese unausweichlich ist, können Sie folgenden Schlag einsetzen:
Bleiben Sie möglichst weit weg vom Angreifer, schätzen Sie Ihre Reichweite ein. Gehen Sie am besten in Kampfstellung: Sie stellen sich etwas schräg hin, sodass Ihre linke Schulter vorne ist und auf 11 Uhr zeigt, Ihre rechte Schulter zeigt hinten

auf 5 Uhr.

Die Beine werden dabei unter die Schulter ausgerichtet.

Ihre Hände sollten vor ihr Gesicht ausgerichtet sein, sodass sie möglichst ein breites Gesichtsfeld abdecken aber mit genügend Freiraum um noch selbst durch die Deckung sehen zukönnen.

Die Arme sollten dabei angespannt bleiben, sodass Ihnen diese nicht selbst ins Gesicht fliegen, wenn Sie auf diese einen Schlag abbekommen.

Um den Kinnschlag auszuführen, bewegen Sie Ihren rechten Arm herunter bis Ihr Handgelenk beinahe aufhöhe Ihrer Hüfte ist, die Hand bleibt dabei als Faust geformt. Während die dies tun, bleibt die linke Faust weiterhin am Gesicht, sie sollte dann allerdings etwas mittiger zum Kinn positioniert werden.

Der rechte Arm wird dann kraftvoll nach oben gezogen, sodass die Faust möglichst mit viel Energie auf das Kinn des Angreifers schlägt, die Faust sollte dabei so ausgerichtet werden, dass der Handrücken zum Hals des Angreifers guckt, um ein möglichst breiten Aufschlagbereich zu haben, auf dem die Energie einwirken kann.

Sobald der Schlag ausgeführt wurde, sollten Sie aus der Reichweite des Angreifers treten und wenn möglich die Flucht durchführen.

Angreifer zu Fall bringen:

Wenn Sie eine kräftigere Person sind, eignet sich folgende Methode eine Gefahrenlage zu neutralisieren.

Wenn ein Angreifer vor Ihnen steht, gehen Sie auf

diesen Zug, legen Sie rechtes Bein hinter dem Linken des Angreifers sodass sein und ihr Bein quasi in einer X Stellung steht. Dies muss allerdings sehr schnell geschehen ohne dem Angreifer Zeit zu lassen reagieren zukönnen.

Fortgeschrittene können allerdings diese Aktion schon ein wenig modifizieren. Sie können versuchen mit Ihren Fersenbereich kraftvoll auf die Kniekehle des Angreifers zu treten, daraus resultiert, dass sich das Knie des Angreifers beugt und die Haltung instabil wird.
Diesen Zeitpunkt nutzen Sie dann, indem Sie mit der rechten Hand kraftvoll den Oberkörper des Angreifers nach hinten werfen, sodass dieser das Gleichgewicht verliert und auf den Boden stürzt.

Wenn Sie im Vorfeld den Angreifer nicht in die Kniekehle getreten haben, müssen Sie genauso wie zuvor beschrieben verfahren, allerdings wird bei weiten mehr Kraft benötigt um den Angreifer zu Fall zubringen.
Ziel ist es dass der Angreifer nicht zurückschreiten kann sondern über ihr positioniertes Bein fällt.

Sobald der Angreifer auf den Boden ist, gibt es 2 Möglichkeiten:
Entweder Sie nutzen die Zeit um zu Flüchten, bei dem das Risiko besteht, dass sich der Angreifer aufrappelt und Sie verfolgt oder Sie setzten sich auf den Oberkörper des Angreifers mit den Rücken hin zu den Beinen bzw. etwas schräg zu Ihnen. Mit dem rechten Knie können Sie kraftvoll den Kopf des Angreifers am Boden fixieren. Doch vorsicht: Achten Sie darauf dass der Angreifer Sie nicht

tritt.

Um diese entgegenzuwirken, empfiehlt es sich mit der linken Hand die Beine möglichst zu fixieren oder Tritte abzuwehren.

Sie werden viel damit Zutun haben den Angreifer zu fixieren, sollten aber dabei an Ihr Handy gelangen, um die Polizei zu verständigen.

Allgemeines:

- Nutzen Sie immer Ihre Stimme, erscheinen Sie nicht ängstlich da der Angreifer sonst der Meinung ist er hätte ein leichtes Opfer.
- Schreien Sie lautstark wenn Sie merken dass man Sie angreifen will.
- Versuchen Sie Selbstbewusst zu wirken auch wenn Sie sehr ängstlich sind.
- Provozieren Sie den Täter nicht mit Anweisungen wie >> Schlag zu << oder ähnlich, stiften Sie ihn nicht zu irgendwelchen Handlungen an und belächeln Sie ihn nicht nach dem Motto >> Traust dich ja sowieso nicht <<.
- Versuchen Sie immer eine Konfrontation zu vermeiden.
- Wenn Sie flüchten versuchen Sie dies nicht kopflos zutun, versuchen Sie sich an die Begebenheiten des Gebäude zu erinnern und versuchen Sie Punkte zu erreichen die für die Flucht förderlich sind. Laufen Sie nicht Blind herum da Sie sich sonst in ein Teil des Gebäudes lotsen könnten aus dem sie nur sehr schlecht wiederflüchten könnten.
- Wenn Sie nicht alleine sind sollte eine Person immer direkt die Polizei per Telefon

verständigen sodass diese aufjedenfall kommen werden und nicht nach der Flucht erst gerufen werden müssen.

Selbstverständlich laufen Sie dann Gefahr selber für eine Straftat belangt zu werden wie z.b Hausfriedensbruch. Die Gesundheit sollte aber oberste Priorität haben, eine Anzeige wegen Hausfriedensbruch sollte immer das geringere Übel sein gegenüber der Gefahr ernsthaft verletzt zu werden.

Sonstige Tipps bzgl. der Selbstverteidigung:

Nutzen Sie die vielfältigkeit des Internets, besuchen Sie die Webseite eines der vers. Video Portale und suchen Sie nach Selbstverteidigung Videos. Dort finden Sie eine menge Beispielvideos wie die Bewegungen auszusehen haben die noch dazu Kostenlos sind.

Bilden Sie sich in diesem Bereich weiter, Selbstverteidigungstechniken können Sie in jeglichen Situationen des alltäglichen Lebens gebrauchen, es schadet nie einige Tricks und Taktiken zukennen. Wir können in diesem Buch natürlich nur grundlegende oder wenige Taktiken erläutern, da es prinzipiell bei den Thema „Geisterjagd" bleiben sollte. Wir wollten Ihnen allerdings gerne ein paar Möglichkeiten aufzeigen, sodass Sie quasi nach Lesen dieses Buches in der Lage sind, auf Geisterjagd zu gehen und mit allen Informationen ausgestattet worden zu sein die nötig sind, um das Grundlegende möglich zu machen:

Sich grundlegend sicher, professionell und taktisch in einem vermeintlichen Geisterhaus bewegen zukönnen.

<u>Die Polizei ist in Sicht:</u>

Eine kurze Information bevor wir loslegen:
Wir bearbeiten dieses Thema unter Berücksichtigung der Gesetzeslage so wie wir dieser aufgrund der Gesetzestexte und Informationen interpretiert haben. Wir geben absolut keinen gewähr auf umfassende Richtigkeit dieser Aussagen, geben uns aber die größte mühe Fehler zu vermeiden.
Allerdings sind wir keine Juristen, sondern Bürger wie Sie. Eine Rechtsberatung findet hier nicht statt.

Grundsätzlich gilt:
Man darf vor der Polizei flüchten! Der Fluchtinstinkt gehört zu einer natürlichen Reaktion, die wir Menschen haben, wir haben darüber hinaus ein Drang nach Freiheit den wir im Ernstfall nachgehen. Wenn ein Polizist uns beispielsweise stellen will, können wir die Beine in die Hand nehmen und rennen was das Zeug hält.
Dies ist straffrei, da es wie oben beschrieben eine natürliche Reaktion ist. Sofern wir von der Polizei dann nicht erwischt werden, brauchen wir nur dann etwas zu befürchten, wenn wir auf der Flucht gegen Gesetze verstoßen haben oder im Vorfeld Straftaten begangen haben aufgrund dessen man Sie stellen wollte.
Letzteres ist aber unerheblich in Bezug auf die Flucht, dann können wir nachträglich zwar für die Straftaten zur Verantwortung gezogen werden wie z.b Sachbeschädigung oder Hausfriedensbruch,

keinesfalls aber für die Flucht als solche.

Wir persönlich hielten es immer sodass wir versucht haben erfolgreich zu flüchten, wenn wir dies nicht getan hätten, würden wir so oder so verlieren und ggf. eine Kontrolle und Anzeige wegen Hausfriedensbruch in kauf nehmen.
Riskiert man eine Flucht so hat man die Chance sich der Kontrolle und eine daraus resultierende Anzeige zu entziehen, was denke ich mal ziemlich gut wäre.
Ein wichtiger Punkt ist allerdings: Wenn die Polizei Sie auf der Flucht stellt, dürfen Sie keine weiteren Anstalten machen um eine Flucht möglich zumachen.
Sie sollten sich also nicht durch Anwendung von Kraft / Gewalt loskämpfen und dann weiterrennen, da dies ggf. als Widerstand gegen die Staatsgewalt gewertet werden kann.

Ob sie nun letztendlich vor der Polizei flüchten oder nicht, bleibt Ihnen überlassen, das müssen Sie selber entscheiden. Wir persönlich versuchen jeglichen Kontakt zu vermeiden und dadurch dass Sie die Tipps und Strategien dieses Buches befolgen reduzieren Sie sowieso die Gefahr die Polizei auf den Plan zu rufen.
Die Flucht birgt aber gewisse Risiken, so könnten Sie sich beispielsweise ernsthaft Verletzen wenn Sie im Dunkeln hastig rennen müssen.
Behalten Sie diese Gefahr immer im Auge!

Man sollte wie wir im Kapitel „Aufklärung – Der Fluchtweg" bereits beschrieben habe immer mögliche Fluchtwege im Hinterkopf haben.
Auch die Beschaffenheiten dieser Fluchtwege sollte

man kennen. Das heißt im Klartext:

Angenommen es gibt auf dem Gelände eines verlassenen Krankenhaus 3 Eingänge. Zwei davon sind nutzbar mit Fahrzeuge, einer nur für Passanten. Wenn die Polizei auf Sie aufmerksam wird und die Flucht per Polizeiauto aufnimmt wäre der optimalste Fluchtweg über den Eingang / Ausgang auf dem Gelände der nur zu Fuß nutzbar ist.

Die Polizei kann Ihnen dann mit dem Polizeiwagen nicht folgen, da nicht alle Polizisten dann die Verfolgung zu Fuß fortsetzen (schon allein aus Sicherheitsgründen) und nicht alle sehr gut zu Fuß unterwegs sind haben Sie einen großen Vorteil erlangt.

Sollten Sie per Polizeiwagen verfolgt werden und eine Flucht vom Gelände zeitnah nicht möglich sein ohne erwischt zu werden so empfiehlt es sich in Schutz der Dunkelheit auf dem Gelände abzutauchen und sich in Büsche (falls vorhanden), hinter Bäume oder Containern und co. Zu verstecken.

Auch hinter Erderhöhungen ist ein verstecken möglich. Versuchen Sie immer die Positionen der Polizei im Auge zu behalten, wenn Sie bemerken, dass man auf sie zukommt, versuchen die entweder, wenn es möglich ist, ungesehen die eigene Position zu wechseln oder im Versteck zu bleiben in der Hoffnung dass man sie zwischen den Blättern des Gebüsches nicht sieht.

Sie sind immerhin dunkel angezogen, dies hilft ungemein.

Wenn Sie auf dem Gelände selbst bleiben müssen, um sich zu verstecken, löschen Sie unbedingt das

Licht Ihrer Taschenlampe schon bevor Sie an ihr Versteck angekommen sind, da man sonst grob weiß wo sie sich wohlmöglich aufhalten.

Sollte einer Ihrer Begleiter sich weiter weg versteckt haben und Gefahr laufen von der Polizei entdeckt zu werden können weiter entfernte Begleiter versuchen die Polizei zu täuschen indem er von seinem Versteck aus Geräusche macht oder sich zeigt und wegrennt, um ein weiteres Versteck zu suchen. Kreativität ist in solchen Momenten sehr hilfreich. Vermeiden Sie unbedingt die Flucht durch Abschnitte, wo viel Bauschutt oder Müll herumliegt, da Sie dort stolpern und sich verletzen könnten.

Wenn Sie vom Gelände aus geflüchtet sind, versuchen Sie taktisch intelligent zu flüchten, liegt ein Wald gegenüber des Gebäude? Dann nutzen Sie diesen, gehen Sie in den Wald hinein, so weit dass Sie von außen nicht gesehen werden können und warten Sie, ob die Polizei sie dort drin vermutet. Falls Sie ihnen nachkommt, gehen Sie tiefer in den Wald hinein, es ist sehr unwahrscheinlich, dass man ihnen ebenfalls tief in den Wald folgt. Sobald Sie merken, dass die Polizisten umkehren, bleiben Sie erneut stehen. Warten Sie einige Zeit ab und versuchen Sie dann aus den Wald zu gelangen. Es empfiehlt sich dabei immer einen anderen Ausgangspunkt zu wählen, da die Polizei am gleichen Punkt sonst eventuell auf Sie lauern könnte. Das Internet bietet auch hier wieder unzählige Möglichkeiten: Nutzen Sie das Map Programm einer großen Suchmaschine und sehen Sie sich Satellitenbilder von dem Umfeld an. Sie können dies Selbst aus dem Wald aus tun, wenn Sie über eine gute Internetverbindung verfügen.

Wählen Sie dann einen Weg aus der Sie weg vom Eintrittspunkt führt und idealerweise dicht zum Standort Ihres Autos.

Sofern Sie sich im Gebäude befinden während Sie auf die Polizei aufmerksam werden gibt es 2 Varianten:
Wenn Sie die Möglichkeit haben aus dem Gebäude zu flüchten nutzen Sie diese Möglichkeit, Sie müssen keinesfalls aus Türen heraus, Fenster eignen sich genauso gut und haben den Vorteil das viele nicht über eine Schlossvorrichtung verfügen wie Türen.
Verschaffen Sie sich möglichst einen Überblick darüber wie viele Polizisten schätzungsweise anwesend sind und wo sich diese befinden.
Ist es nur ein Funkwagen, der nördlich am Gebäude steht, so eignen sich Fenster im südlichen Bereich des Gebäude logischerweise für eine Flucht.
Wenn Sie auf der südlichen Seite angekommen sind, blicken Sie vorsichtig aus den Fenstern, ob da nicht eventuell weitere Kräfte stehen. Wenn Sie ein Fenster öffnen verlassen Sie nicht sofort das Gebäude sondern verschaffen Sie sich dann erneut einen optischen Überblick darüber, ob fremde Personen anwesend sein könnten.
Wenn dies nicht der Fall ist lassen Sie es krachen und alle Mann raus! Das geöffnete Fenster sollten möglichst weit zuzihen um dem Fluchtpunkt so lange wie möglich zu verbergen und natürlich mögliche Schäden durch Regen und co zu vermeiden.

Sollten Sie sich in einem riesigen Gebäude befinden oder in einem Gebäude mit mehreren Stockwerken, dessen Aufenthaltspunkt von Ihnen sich aber nicht im Erdgeschoss befindet, müsste man überlegen ob eine Flucht sinnvoll wäre.

Schätzen Sie ab wielange es dauern würde, bis Sie das Erdgeschoss und / oder eine Möglichkeit erreichen, um das Gebäude zuverlassen.

Ist es realistisch, dass Sie dieses Ziel erreichen? Wenn ja sollten Sie es aufjedenfall probieren und hoffen, dass es funktioniert.

Wenn Sie keinesfalls nach draußen flüchten können, empfiehlt es sich immer im Schutze des großen Gebäudes sich zu verstecken.

Sind Sie in einer verlassenen Klinik mit 5-6 Stockwerke oder mehr haben Sie gute Karten unentdeckt zu bleiben. Man wird wahrscheinlich nicht die komplette Klinik nach Ihnen absuchen, da der Aufwand nicht in Relation mit dem nutzen steht. Besonders nicht wenn die Klinik im Grunde genommen leer und schon sehr heruntergekommen ist.

Der benötigte Personalaufwand wäre einfach zu groß. Behalten Sie von Ihrem Versteck aus möglichst immer im Auge was draußen vor sich geht, sehen Sie nach ob der Funkwagen noch in Sichtweite ist, ob es bei einem einzigen Wagen geblieben ist oder noch weitere Kräfte nachgekommen sind.

Passen Sie allerdings auf das man Sie nicht lokalisiert, wenden Sie notfalls lieber den aufwendigeren Handy Trick an um die Lage aufzuklären. Wenn es bei einem einigen Funkwagen bleibt, müssen Sie arkustisch und optisch aufklären ob die Polizisten sich die Arbeit machen das Gebäude zu durchsuchen. Wenn außerhalb keine weitere Funkwagen zu sehen sind und man hört dass die Beamten in einem Treppenhaus

Herumspatzieren, sollte man versuchen ein anderes Treppenhaus am entgegengesetzten Punkt des Gebäudes zu finden, um so zum Erdgeschoss zu gelangen.

Dabei ist es immer wichtig nachzusehen, ob es im zweiten Treppenhaus ruhig ist oder ob etwas zu sehen ist, falls nicht sollte man den Schritt wagen um aus dem Gebäude zukommen.

Für den Fall, dass die Polizei den Fall abbricht und das Gelände verlässt, während Sie im sich im Gebäude verstecken, stopp:

Dies könnte ein taktisches Manöver sein, die Polizei könnte sich vor dem Gelände verschanzen oder auf dem Gelände an einem Punkt von dem Sie gut ausspähen können ob jemand das Gebäude verlässt. Sie sollten sich also niemals zu sicher sein, dass die Polizei den Ort verlassen hat, seien Sie immer darauf gefasst, dass man sie sehen kann.

Wenn Sie im Gebäude Ihren Untersuchungen nachgehen, sollten Sie immer die Notizen im Auge behalten, patroulliert laut Aufklärung zu jeder Stunde ein Polizeiwagen auf dem Gelände? Dann behalten Sie die Uhr im Auge und achten Sie darauf die Lichter auszuschalten.

Eine Person sollte sich an einem Fenster positionieren von dem aus er überblicken kann ob der Funkwagen die Szenerie betritt und wo diese sich befindet.

Es gibt Polizisten, die einfach einmal um das Gebäude herumfahren, aber auch solche die wirklich intensiv kontrollieren. Gucken, ob die Türen alle zu sind und Leuchten in die Fenster hinein, für diesen Fall sollte man sich natürlich von den

Fenstersichtbereich wegbewegen. Diese Information sollten Sie allerdings durch die Aufklärung besitzen und genau nach diesen sollten Sie sich auch richten. So ist es möglich selbst dann in Gebäude zu verweilen wenn man weiß dass die Polizei dort stündlich patroulliert. Mit den richtigen Sicherheitsvorkehrungen ist dies kein Problem. Es ist sozusagen ein Katz und Mausspiel.

Wenn Sie in einer Nacht von der Polizei verfolgt wurden, sich aber erfolgreich aus dem Staub machen konnten ist dies kein Hindernis es am nächsten Tag nicht erneut zu versuchen.

Sie müssen dann allerdings darauf gefasst sein, dass man eventuell mehr Energie in die Sache legt.

Eine erneute Aufklärung des Geländes ist am jeden Tag ratsam. Rechnen Sie an Tagen darauf dass die Polizei sich auf den Gelände versteckt, dies können auch zivil Polizisten sein. Jedes Auto sollte misstrauisch beäugt werden.

Wenn Sie längere Zeit das Gelände im Auge behalten achten Sie darauf ob es irgendwelche Lichtquellen gibt, die Ihnen zuvor nicht aufgefallen sind, achten Sie auf plötzlich auftauchende Lichter, die relativ schnell wieder ausgehen.

So z.b Lichter vom Inneren eines Fahrzeuges.

Wir haben mal einen Einsatz gehabt, bei dem wir fast erwischt wurden, wir konnten glücklicherweise durch einen Ausgang flüchten, der nur von Passanten genutzt werden konnte. Gegenüber lag ein dichter Wald in dem wir uns verstecken konnten.

Wir wollten dann am nächsten Tag erneut versuchen dort unsere Untersuchungen durchzuführen. Bei der Aufklärung bemerkten wir ein Licht, das kurz zu sehen war und dann wieder weg war.

Wir gingen auf das Gelände und sahen uns dort um, wir wollten dann eine Erklärung für dieses Licht finden und schlichen uns ohne Taschenlampe mit sehr geringen Sichtverhältnissen an. Nach einigen Minuten fanden wir letztendlich die Quelle: Auf dem Gelände hat sich ein Funkwagen der Polizei positioniert und das Licht stammt aus der Innerenraum Beleuchtung des Fahrzeuges die kurz aufhellte als wir von außen das Gelände observierten.

Glücklicherweise hat man uns nicht gesehen und wir entschieden uns für den Rückzug.

Rechnen Sie immer mit solchen Vorfällen und nehmen Sie die Aufklärung der Orte genauso ernst wie letztendlich die Suche nach paranormalen Ursache der Spukaktivitäten in den vermeintlichen Spukhäusern.

Ein paar abschließende Worte bzgl. der Polizei:
Sie sollten immer wenn Sie vor der Polizei flüchten oder sich vor Ihr Verstecken im Hinterkopf behalten dass dies gefährliche Situationen nachsichziehen kann.

Die Polizei achtet sehr viel auf Eigensicherung, wenn Polizisten durch verlassene Gebäude laufen mit der Hintergrundinfo dass sich in diesen Gebäuden unberechtigte Personen aufhalten könnten sind diese vielleicht etwas nervös.

Sie sollten also die Nerven oder die nervösität dieser Beamten nicht überstrapazieren und falls eine Entdeckung unvermeidlich ist vielleicht ankündigen, dass Sie sich im Raum / in der Nähe befinden, um die Anspannung auf beiden Seiten zu entschärfen.

Diese Ratschläge sind auch allesamt fiktiv gestellt,

wir wollen Sie weder dazu anstiften vor der Polizei zu flüchten noch irgendwelche Taktiken zu nutzen, um sich der Polizei zu entziehen oder sich von Ihr zu verstecken ;-)

Ein Halunkentipp zum Abschluß dieses Abschnitt:

Wenn Sie auf dem Gelände von der Polizei gesehen und darauf angesprochen werden was Sie dort zu suchen hätten versuchen Sie einfach in englischer Sprache auf die Polizisten zu entgegnen. Fragen Sie auf Englisch, was Sie falsch gemacht hätten und was los sei.
In Deutschland sind einige Polizisten unterwegs die kein Englisch verstehen und sprechen. Durch diesen Trick entgegnen Sie ggf. eine Kontrolle oder Strafe da man Sie lieber wegschickt als das Prozedere in Englisch durchzuführen.
Wir haben mit diesen Trick gute Erfahrungen gesammelt. Falls man Sie doch intensiver kontrolliert, sprechen sie wieder Deutsch und geben Sie an für einen Englisch Urlaub die Sprache auffrischen zu wollen.

Verlassen der Örtlichkeit:

Sie haben Ihre Untersuchungen abgeschlossen? Glückwunsch, nun sollten Sie, sofern Sie technische Gegenstände zum Aufnehmen zurückgelassen haben einsammeln. Bestenfalls nehmen Sie die Notizen zur Hand und streichen alle Geräte die Sie bereits geholt haben von der Liste, sodass es übersichtlich bleibt.

Wenn Sie Trittfallen eingerichtet haben, achten Sie bitte darauf auch diese wieder einzusammeln und vernünftig zu entsorgen. Hinweis: Die Fäden könnten wiederverwendet werden, wenn man sich die mühe macht und diese von den Klebestreifen löst.

Wenn Sie Müll verursacht haben achten Sie bitte darauf diesen auch wieder mitzunehmen, sodass die Orte nicht weiter verschmutzt werden.

Prägen Sie sich bestenfalls bei der Aufklärung des Gebäude ein, wie dieser aussah, bevor Sie kamen. Ob die Türen Größenteils geschlossen waren oder offen standen.

Versuchen Sie diesen Zustand wieder so herzustellen, dies klingt zwar nach viel Aufwand könnte aber sehr nützlich sein. Möglicherweise schauen die Eigentümer oder berechtigte Personen manchmal nach dem rechten und haben sich ein System ausgedacht Türen anzuordnen (ob offen oder geschlossen.)

Wenn Sie diesen Zustand wieder herstellen, könnte es sein, dass Ihr Besuch nicht auffällt, was Ihnen bei einer erneuten Besichtigung zugute kommt da der Eigentümer dann keinen verdacht geschöpft hat und Sicherungsmaßnahmen durchführt.

In der Regel sollten Sie beim verlassen der Örtlichkeit genauso vorrücken wie Sie es im Abschnitt „Wie rücke ich sicher vor?" gelernt haben. Immer auf die Sicherheit achten und darauf nicht aufzufallen, falls Sie Trittfallen angebracht haben und diese intakt sind können Sie auf den Einsatz der Nachhut verzichten denn falls jemand den Bereich passiert hätte wäre die Trittfalle beschädigt worden. So können Sie etwas Zeit sparen.

Der wichtigste Punkt bzgl. des Verlassens der Örtlichkeit ist das verlassen des Gebäude ansich, ist man an Erdgeschoss angekommen sollte man sich nun einen geeigneten Ausgangspunkt suchen, der strategisch am sinnvollsten wäre.

Dieser sollte nicht einsehbar sein sodass man beim verlassen nicht gesehen wird, Seien Sie dabei nicht zu leichtfertig nach dem Motto >> Bin dann sowieso weg, wenn die Polizei kommt sind wir schon längst auf der Autobahn <<. Ggf. entdecken Sie etwas auf den Aufnahmen was Ihr Interesse weckt und sie wollen noch einmal Untersuchungen durchführen. Dann wäre es schade, wenn man durch Leichtfertigkeit jemanden beim verlassen des Gebäudes aufgefallen wäre der diese Beobachtung weitergegeben hätte.

Observieren Sie von Fenster die Optische und arkustische Lage, achten Sie darauf nicht gesehen zu werden. Wenn alles sicher erscheint, verlassen Sie das Gebäude und schließen Sie die Tür oder das Fenster durch, dass Sie gegangen sind.

Pirschen Sie sich auf dem Gelände langsam vor und beobachten Sie die Szenerie intensiv, auch hier sollten Sie nicht zu leichtsinnig sein. Ggf. wurde die Polizei verständigt und diese warten an einem Punkt gemütlich, dass Sie ihnen vor die Motorhaube laufen.

Sie sollten deshalb immer in Alarmbereitschaft sein und im Hinterkopf behalten, dass man auf Sie warten könnte. Setzen Sie auch beim verlassen der Örtlichkeit auf Handzeichen statt verbaler Kommunikation. Haben Sie Gebäude und Gelände sicher verlassen verhalten Sie sich unauffällig, Sie können dann wieder beginnen sich miteinander zu unterhalten. Vermeiden Sie es aber auf dem Weg zum Auto über das Gebäude oder die Untersuchung zu sprechen, selbst wenn es tief in der Nacht ist. Die

Gespräche könnten gehört werden, dies wäre ebenso kontraproduktiv. Später haben Sie noch genug Zeit das Ganze durchzusprechen. Ist Ihnen nichts passiert bei Ihrer nächtlichen Aktion? Glückwunsch. Mission erfüllt.

Nach der Geisterjagd:

<u>Auswertung:</u>

Jeder Geisterjäger wertet seine Aufnahmen anders aus, Sie werden mit der Zeit und mit jeder weiteren Untersuchung herausfinden, wie Sie es am besten tun. Wir wollen Ihnen allerdings dennoch eine kurze Übersicht geben:

Erlebnissberichte / Gedächtnisprotokoll / Disskussionsrunde

Es ist meistens sehr interessant, wenn alle Beteiligten Personen einen Erlebnisbericht / ein Gedächtnisprotokoll des Einsatzes anfertigen. Dies sollte getrennt voneinander gemacht werden, ohne dass man zu diesem Zeitpunkt miteinander den Einsatz durchspricht, um so möglichst authentisch die Erlebnisse jedes einzelnen Teilnehmer zu erhalten.

In diese Berichte sollte aufgeführt werden wie man sich in den vers. Passagen gefühlt hat. Wie das Gefühl auf dem Gelände war und im Gebäude, was man in den div. Bereichen erlebt hat und ob einem was Ungewöhnliches aufgefallen ist.

Jede Kleinigkeit die relevant erscheint sollte dabei Platz im Bericht finden denn möglicherweise hat der eine nur ein kleines Fragment von diesem Vorfall wahrgenommen, der andere jedoch sehr explizit. Somit könnten diese Erlebnisse miteinander verknüpft werden womit ihnen dadurch auch mehr Gewicht verliehen wird da mehrere Personen diese Erfahrung gemacht haben.

Wenn einem paranormale Ereignisse wiederfahren

sind sollte man diese wirklich so detailliert wie möglich in Worte fassen. Hat man einen Schatten gesichtet sollte man nicht nur >> Ich habe einen Schatten in der Kantine gesichtet << notieren sondern wichtige Fakten erwähnen. Wielange war der Schatten zu sehen? Hat der schatten sich bewegt? Wohin hat er sich bewegt? Wie hat er sich bewegt? Hat er geschwebt oder war es eher wie ein Menschlicher Gang. Ist dieser Schatten mit Begleiterscheinungen wie Kälte einhergegangen? Hatte der Schatten eine menschliche oder animalische Silhouette?

All solche Fakten sind wichtig, die bloße Informationen dass ein Schatten zu sehen war hilft nicht viel weiter. Durch detaillierte Informationen kann man einen besseren Fazit erreichen. Bei nachfolgenden Untersuchungen helfen detaillierte Informationen über die zuvor gemachten Erlebnisse ebenfalls sehr.

Die Erlebnisberichte / Gedächtnisprotokolle sollten dann gemeinsam besprochen und ausgewertet werden. Wenn auffällt dass mehrere Leute das gleiche erlebt haben harken Sie in der Gesprächsrunde nach und konkretisieren Sie diese Vorfälle, sprechen Sie darüber detailliert vielleicht finden Sie dadurch weitere Details heraus.

Heben Sie sämtliche Berichte sorgfältig auf, ggf. werden diese irgendwann sehr wichtig, insbesondere dann, wenn andere Geisterjäger über dieses Gebäude sprechen oder Sie mit jemanden direkt im Kontakt stehen und eine Unterhaltung darüber führen möchten.

Visuelle Auswertung

Die visuelle Auswertung ist sehr spannend, man bekommt die Bildaufnahmen zu Gesicht und erlebt die Untersuchung sozusagen erneut.

Die visuelle Sichtung sollte vor einem großen Bildschirm erfolgen, verzichten Sie darauf die Aufnahmen direkt am Camcorder Bildschirm oder ähnlichem auszuwerten da Ihnen wichtige kleine Details entgehen könnnten. Dunkeln Sie das Zimmer ab und vermeiden Sie nebenbei Unterhaltungen zuführen. Konzentrieren Sie sich völlig auf das Bild und switchen Sie nicht nebenbei zu Internetseiten, Social Networks oder sonstigem. Bleiben Sie konzentriert und fokussiert.

Achten Sie bei den visuellen Aufnahmen auf Beachtung, da häufig in spiegelnden Objekten Geistererscheinungen gesichtet werden, zollen Sie insbesondere Fenster und Spiegel besondere Beachtung, da häufig in spiegelnden Objekten Geistererscheinungen gesichtet werden.

Versuchen Sie im Auge zu behalten, ob sich Gegenstände unerklärlich bewegen, auch wenn es nur leichte Veränderungen sind.

Wenn Begleiter auf dem Aufnahmenzusehen sind und diese komische Emotionen zeigen wie Furcht oder die Körpersprache andeutet dass ihnen kalt sei beobachten Sie das Umfeld dieser Person ganz genau. Vielleicht ist etwas auf den Aufnahmen zu erkennen, was dieses Verhalten erklärt? Bei jeder Sichtung, egal wie klein Sie erscheint, machen Sie eine Notiz! Schreiben Sie, auf welche Aufnahme Sie derzeit auswerten und bei welchem Zeitpunkt diese Erscheinung zu sehen ist. Beschreiben Sie dann, was dort zusehen ist, auch hier wieder möglichst ausführlich. Zwar ist dies sehr zeitaufwendig aber es hilft einem später sich daran zu erinnern da man sich nicht immer alle stellen im Kopf merken kann.

Wenn Sie die betreffenden Stellen dann bei einer Diskussion vorspielen verzichten Sie darauf im Vorfeld zu erläutern was Sie gesehen haben. Lassen Sie die betreffende Stelle einfach laufen und warten Sie ab, ob Ihre Teamkollegen etwas sehen und wenn ja was.

Dies hat einfach den Vorteil dass die Personen unvoreingenommen an die Sache herangehen und dies objektiv beurteilen, ohne vorher die Fantasie durch Eckdaten angekurbelt zu bekommen. Sollten Ihre Teamkollegen absolut nichts erkennen wäre es an der Zeit gekommen diese darüber aufzuklären was Sie gesehen haben. Dann zeigen Sie diese Punkte erneut um sie anschließend zu besprechen. Auch diese Besprechungen und die Ergebnisse sollten von Ihnen dokumentiert werden.

Arkustische Auswertung

Die Arkustische Auswertung ist ein wenig monotoner als die Visuelle denn man hört sehr oft gar nichts oder nur übliche Geräusche wie Schritte, Geräusche der Kleidung oder Ähnlichem. Allerdings sind arkustische Aufnahmen häufig sehr aufschlussreich.

Manche Menschen Folgen der Theorie dass wir Menschen die Stimmen der Geister gar nicht hören können da sie auf andere „Frequenzen" sind. Aufnahmegeräte können diese allerdings, so glaubt man, aufnehmen und wiedergeben.

So lässt sich erklären, dass manche Geräusche Real

nicht gehört wurden. Man sollte sehr konzentriert bei der Auswertung dieser Aufnahmen vorgehen, man kann zwar währenddessen gleichzeitig die visuellen Aufnahmen sichten, allerdings denken wir, dass man dadurch zu sehr abgelenkt ist und man sich nicht auf beide Aspekte detailliert konzentrieren kann.

Sie sollten deshalb beides getrennt voneinander sichten. Wenn Sie ein Aufnahmegerät alleine zurückgelassen haben kalkulieren Sie immer ein dass Töne die darauf zu hören sind von Ihnen stammen können. Schrittgeräusche könnten von Ihnen selbst erzeugt worden sein die einfach weit gehallt haben im leeren Gebäude.

Als paranormale Phänomene auf Arkustische Aufnahmen können gewertet werden: Stimmen, die nicht zugeordnet werden können, verzerrte Stimmen, Klopfgeräusche, Kratzgeräusche, Tonstörungen wie unerklärbares Rauschen oder ähnlich und auffällige Tonbegebenheiten die nicht erklärbar sind und sich nicht wiederholen.

Bei Tonaufnahmen muss man immer daran denken, dass die Technik für einige dinge, verantwortlich sein können, meistens lässt sich nicht zweifelsfrei sagen ob es nun etwas Paranormales sein könnte oder ob es sich einfach um ein von Tonaufnahmegerät erzeugtes Artefakt handelt. Es hilft deshalb ungemein wenn man solche Tonaufnahmen Online zur Diskussion in den unterschiedlichen Geisterforen stellt um so einen Eindruck von fremden Menschen dbzgl. Zu erhalten. Es gibt noch zahlreiche andere Auswertungsformen nach Geisterjagdten, verzeihen Sie uns wenn wir darauf an dieser Stelle nicht eingehen können da es den Rahmen dieses Buches sprengen würde.

Publizierung:

Jeder Geisterjäger freut sich etwas visuell oder Arkustisch festgehalten zu haben welches eventuell paranormalen Ursprung hat.

Manchmal möchte man einfach präsentieren, was man vor die Linse bekommen hat, manchmal weiß man einfach nicht was man von den Aufnahmen halten sollen. Man versucht rationale Erklärungen zu finden doch dies gelingt nicht immer, jeder Mensch geht an diese Themen anders heran was auch gut ist denn so kann man die unterschiedlichen Meinungen vergleichen und zu einem Fazit kommen.

Für die Publizierung eignen sich vers. Medien, Sie können diese entweder auf den div. Geister Foren zur Diskussion stellen, die Sie über eine Suchmaschine zügig finden sollten oder diese auf einer Video Plattform hochladen.

Auch Social Networks eignen sich für die Verbreitung dieser Aufnahmen sehr gut, da man auf einigen dieser Netzwerke auch eigene Seiten einrichten kann.

Sie sollten sich allerdings dahin gehend zurückhalten voreilig zu behaupten, dass Sie etwas Paranormales aufgenommen haben, dies kommt bei vielen Menschen sehr negativ an. Schildern Sie die Erlebnisse am besten so dass Sie vermuten dass es paranormalen Ursprung haben kann und bitten Sie die Leute um Einschätzung.

Versteifen Sie sich auch am besten nicht darauf dass es zu 100% paranormal ist, man selbst wünscht es sich manchmal innerlich einfach zu sehr und vergisst dabei einfach objektiv und sachlich an die Sache heranzutreten. Zwar können und müssen Sie ihre eigene Meinung zu Ihren Werken vertreten, doch sollte diese auch ein Stück weit flexibel sein, damit gut argumentierte Meinungen anderer Menschen darin einfließen kann.

Wenn Sie in der Szene schon etwas bekannter sind, könnten Sie auch darüber nachdenken eine eigene Webseite einzurichten, auf der Sie Ihre Ergebnisse präsentieren, dies kann heutzutage mit einfachen Mitteln realisiert werden ohne viel Euros investieren zumüssen. Tun Sie sich allerdings selbst einen Gefallen: Sie betreiben das Hobby Geisterjagd das nicht gerade günstig ist, sparen Sie nicht am falschen ende. Wenn Sie eine eigene Webseite betreiben wollen, investieren Sie die 8-12 Euro jährlich um sich eine Top Level Domain (.de) zu sichern, setzen Sie nicht auf eine der kostenlosen Domain Endungen. Das wird lächerlich und man wird Sie ggf. dann bei weitem nicht so ernst nehmen. Dies klingt zwar banal und oberflächlich aber es ist wirklich so dass da viel drauf geachtet wird.

In der heutigen Zeit sind eigene Webseiten allerdings unnötig geworden, viel spielt sich auf den sozialen Netzwerken ab. Die Anschaffung einer Top Level Domain ist immer ratsam denn diese können Sie auch auf Ihre eigenen Seiten der Social Networks weiterleiten.

Der Vorteil ist einfach bei diesem Verfahren, dass Sie keinen eigenen Speicherplatz benötigen.

Abschließende Tipps:
Setzen Sie Fotos und Videos wenn möglich mit Copyright Vermerke online. Dies hat einen doppelten Grund: So kann sich im Zweifelsfall niemand mit Ihren Federn schmücken und die Fotos beliebig im Netz verbreiten unter seinen Namen und andererseits ist dies sinnvoll Ihr Geisterjäger Team

(falls sie ein Team betreiben) bekannter zu machen.

Wenn Sie einen Ort besucht haben und Ihre Ergebnisse veröffentlichen wollen tun Sie dies gerne mit ausführliche Berichte, posten Sie nicht nur das Video / Ton Material sondern schildern Sie auch Ihre Erlebnisse und die Erfahrungen, die Sie gemacht haben.
Dies ist immer interessanter als Publikationen, die nur kurze Sätze beinhalten und einige Fotos / Videos. Die Leute wollen gerne ausführlich hören was da passiert ist, lassen Sie sich die Infos nicht aus der Nase ziehen sondern veröffentlichen Sie alles ausführlich, sodass viele Fragen bereits im Vorfeld geklärt werden, dies spart Ihnen auch langfristig Zeit. Heben Sie sich von der Masse ab, die Leute werden es zu schätzen wissen.